산업안전
보건관리비 ⑩⑴

제도의
이해와
101가지
질문

산업안전
보건관리비 101

임영섭 안진명 지음

재단법인 피플 미래일터연구원 엮음

바른북스

서문

"공사현장 도로에 설치하는 라바콘 설치비용을 산업안전보건관리비로 사용이 가능할까?"

공사를 수행하는 사람이라면 누구나 한 번쯤은 품어봤을 의문이다.

안전보건관리비의 사용은 공사수행 과정에서 필요한 인력, 시설 및 장비와 함께 금전의 사용이 연계되기 때문에 태생적으로 복잡하고 난해한 문제이다. 안전보건관리비를 잘못 계상하거나 목적 외로 사용하면 과태료 처분을 받을 수 있고 입찰참가 시 불이익까지 감수해야 한다. 계상과 사용에 있어서 주의가 필요할 수밖에 없다.

안전보건관리비 관련하여 의문이 생기면 고용노동부에 질의하여 해결할 수 있지만 매번 질의를 한다는 것 자체가 번거로운 일이고 회시에 소요되는 기간을 감안하면 제때에 답을 구하기도 어렵다.

이 책은 이러한 문제에 대한 답을 제공한다.

1부에서 안전보건관리비 제도가 갖는 의미와 주요 내용을 설명하여 제도에 대한 이해를 돕고, 이를 바탕으로 2부에서 현장에서 궁금해하는 101가지 의문을 엄선하여 행정해석, 관련 규정과 함께 상세한 해설을 붙였다.

　해당 질의에 대한 단편적인 답변보다는 안전보건관리비 사용에 대한 근본적인 원칙을 밝혀서 현장에서 다른 사안이 발생할 경우에도 자율적으로 판단할 수 있는 역량을 높이고자 하였다. 근본 원리에 대한 이해를 통하여 새로운 상황이 발생해도 응용하여 적용할 수 있는 능력을 갖출 수 있을 것으로 기대한다.

　뒤에서 묵묵히 집필을 응원해주신 재단법인 피플 정유석 설립자님, 그리고 안전보건에 대한 전문적인 식견과 열정으로 미래일터안전보건포럼을 이끌어주시는 이영순·송영중 명예대표님과 운영위원님들께 감사의 말씀을 드린다.

2023.02.
저자 임영섭 안진명

목 차

제 2 부

궁금해요 101

II.   산업안전보건관리비 계상 등

부록

참고문헌

제 1 부

산업안전 보건관리비 제도의 이해

I

제도의 의의

산업안전보건관리비는 발주자로 하여금 공사종류 및 규모에 따라 일정 금액을 도급금액에 별도로 계상토록 하고 시공자가 건설공사 중에 안전관리자 인건비, 안전시설비, 안전보건교육비 등에 사용함으로써 재해예방에 기여토록 하는 제도이다.[01]

이 제도는 산업안전보건법 제72조에 근거한다. 이 조항은 산업안전보건관리비(이하 특별한 경우가 아니면 "안전보건관리비"라 칭함)의 계상의무자, 효율적인 사용을 위한 규정 제정 권한, 사용명세서의 작성 및 보존 의무, 목적 외 사용금지 의무를 규정하고 있다.

---

01 고용노동부, '건설업 산업안전보건관리비 해설', 2019, 3쪽.

산업안전보건법 제72조(건설공사 등의 산업안전보건관리비 계상 등)

① 건설공사발주자가 도급계약을 체결하거나 건설공사의 시공을 주도하여 총괄·관리하는 자(건설공사발주자로부터 건설공사를 최초로 도급받은 수급인은 제외한다)가 건설공사 사업계획을 수립할 때에는 고용노동부장관이 정하여 고시하는 바에 따라 산업재해 예방을 위하여 사용하는 비용(이하 "산업안전보건관리비"라 한다)을 도급금액 또는 사업비에 계상(計上)하여야 한다.

② 고용노동부장관은 산업안전보건관리비의 효율적인 사용을 위하여 다음 각 호의 사항을 정할 수 있다.

1. 사업의 규모별·종류별 계상 기준

2. 건설공사의 진척 정도에 따른 사용비율 등 기준

3. 그 밖에 산업안전보건관리비의 사용에 필요한 사항

③ 건설공사도급인은 산업안전보건관리비를 제2항에서 정하는 바에 따라 사용하고 고용노동부령으로 정하는 바에 따라 그 사용명세서를 작성하여 보존하여야 한다.

④ 선박의 건조 또는 수리를 최초로 도급받은 수급인은 사업계획을 수립할 때에는 고용노동부장관이 정하여 고시하는 바에 따라 산업안전보건관리비를 사업비에 계상하여야 한다.

⑤ 건설공사도급인 또는 제4항에 따른 선박의 건조 또는 수리를 최초로 도급받은 수급인은 산업안전보건관리비를 산업재해 예방 외의 목적으로 사용해서는 아니 된다.

안전보건관리비는 건설업의 경우 발주자 또는 건설공사의 시공을 주도하여 총괄·관리하는 자(자기공사자)가 계상하여야 하고, 조선업의 경우 선박의 건조 또는 수리를 최초로 도급받은 수급인이 계상하여야 한다. 조선업은 대규모 발주자가 대부분 외국 선주라서 이들로부터 최초로 도급받은 수급인에게 안전보건관리비의 계상의무를 부여하였으나, 하위 규정이 마련되지 않아 시행되지 않고 있어 사실상 건설업에서만 안전보건관리비 제도가 운영되고 있다.

건설업 안전보건관리비 관련하여 고용노동부 고시로 사업의 규모별·종류별 계상 기준과 사용에 관한 사항을 상세하게 정하고 있다. 발주자와 사용자는 이에 맞게 계상 및 사용하여야 하고 계상하지 않거나 부족계상 그리고 산업재해 예방 목적 외로 사용하는 경우 각종 제재를 받게 된다.

이처럼 공사의 종류와 규모별로 일정한 안전보건관리비를 계상하도록 강제하고 그 사용을 엄격하게 제한하는 제도를 운영하는 나라는 사실상 우리나라가 유일하다.

미국, 영국, 독일 등 대부분의 나라에서는 공사현장에서 안전보건관리에 필요한 비용을 자율적으로 입찰시 산정하여 공사계약서에 반영하고 있고, 스위스와 일본은 안전보건비용의 공사비 대비 적정한 비율을 제시하고 있는 정도이다. 일본이 우리 제도와 가장 유사하게 안전보건관리 비용의 항목을 정하고 있으나, 계상과 사용을 강제하는 것이라기보다 건설공사비의 구성항목과 그 비율을 제시하는 체제 속에 안전보건관리 비용도 하나의 항목으로 포함되어 있는 형식이다.

일본의 공사원가는 순공사비와 현장관리비로 구분되며, 순공사비는 다시 직접공사비와 공통가설비로 구분되어 계상된다. 이 중 공통가설비와 현장관리비 내 우리나라 안전관리비와 유사한 항목들이 포함되어 있는 것으로 조사되었다. 공통가설비 중 환경안전비는 안전표식, 소화설비 등의 설비 설치, 안전관리, 신호 등의 요원, 인접물 등의 양생 및 보상복구에 필요한 비용으로 구성되어 있어 우리나라 안전관리비 항목과는 차이가 있다. 현장관리비 중에는 안전관리자 인건비, 교육훈련 비용 등이 포함되어 있다. 환경안전비는 공통가설비의 약 10~15%, 현장관리비 중 안전관리 비용은 약 3~5%를 차지하고 있는 것으로 파악된다.[02]

안전보건관리비 제도는 우리나라 건설공사 수행의 특성과 현실이 반영된 것이라 볼 수 있다. 건설업체 간 경쟁이 과한 상태에서 시행된 최저가 낙찰제도는 공사비의 부족이라는 필연의 결과를 낳았다. 공사의 목적물을 건립하기에도 부족한 상태에서 안전보건 관리에 소요되는 비용은 가장 우선적으로 절약해야 하는 처지가 될 수밖에 없었다.

이에 대한 해결책으로 발주자로 하여금 최소한의 안전비용을 별

---

02 오세욱 외, '건설업 산업안전보건관리비 사용 투명성 강화 방안 연구', 2018, 34~35쪽 내용을 정리함.

도로 계상하게 해서 '돈이 없어 안전관리를 할 수 없다'는 상황을 제도적으로 타개하려 했던 것이다.

안전보건관리비의 계상과 사용을 강제함으로써 안전보건관리에 소요되는 비용을 합리적인 수준으로 확보하게 되었음은 어렵지 않게 확인할 수 있고, 그것이 재해예방에 기여하고 있음도 설문조사 등을 통해서 확인되고 있다.

안전보건관리비 제도가 건설재해예방에 기여한 정도가 어느 정도라고 생각하는지에 대한 주관적 의견을 묻는 질문에 응답한 결과, "매우 크다"로 응답한 사람이 47.2%, "그런 편이다"로 응답한 사람이 46.0%로써 안전보건관리비가 건설재해예방에 기여한 정도에 대하여 긍정적으로 답한 사람이 전체응답자 중 93.2%로써 매우 높게 나타났다. 그리고 5점 척도의 평균 4.39, 표준편차 0.652로써 긍정적인 답의 분포에 있어서도 매우 긍정적임을 보이고 있다.[03]

한편 산업안전보건관리비와 별개로 건설기술진흥법에서 규정하고 있는 안전관리비 제도가 있다. '안전'이라는 용어를 같이 사용하여 혼란스러울 수 있지만, 건설기술진흥법에 의한 안전관리비는 공사 중 주변 건축물 등의 피해 방지, 주변 교통안전, 구조물 안전 등에 소요되는 비용을 확보하기 위한 것으로서 노동자의 안전보건을 확보하기

---

03 정명진 외, '산업안전보건관리비가 건설재해예방에 미치는 영향', 대한안전경영과학회지 제12권 제4호(2010), 13~21쪽.

위한 산업안전보건관리비와는 구별된다.

이 책에서는 산업안전보건법에 의거 건설업에 적용되는 산업안전
보건관리비 제도를 다룬다.

건설기술진흥법에 따른 안전관리비 제도

건설기술진흥법 제63조(안전관리비용)

① 건설공사의 발주자는 건설공사 계약을 체결할 때에 건설공사의
   안전관리에 필요한 비용(이하 "안전관리비"라 한다)을 국토교통
   부령으로 정하는 바에 따라 공사금액에 계상하여야 한다.
② 건설공사의 규모 및 종류에 따른 안전관리비의 사용방법 등에
   관한 기준은 국토교통부령으로 정한다.
   *계상하지 아니하거나 사용기준을 위반하면 과태료 부과

구체적인 계상 및 사용기준은 국토교통부 고시인 '건설공사 안
전관리 업무수행 지침'에서 정하고 있다.

고시 제46조(안전관리계획의 작성 및 검토 비용)

① 규칙 제60조제1항제1호에 따른 안전관리계획의 작성 및 검토
   비용계상은 별표 7의 내역에 대해 「엔지니어링산업 진흥법」 제
   31조제2항에 따른 「엔지니어링사업대가의 기준」 제3조제1호의
   실비정액가산방식을 적용하며 직접인건비, 직접경비, 제경비 및
   기술료로 구성된다.

② 직접인건비는 발주자 또는 건설사업관리기술인이 확인한 투입 인원수를 적용하여 계상하며, 직접경비는 인쇄비, 제경비는 직접인건비의 110~120%, 기술료는 직접인건비에 제경비(손해배상보험료 또는 손해배상공제료는 제외함)를 합한 금액의 20~40%를 적용한다.

[별표 7] 안전관리비 계상 및 사용기준

항 목	내역
1. 안전관리 계획의 작성 및 검토 비용	**가. 안전관리계획 작성 비용** 　1) 안전관리계획서 작성 비용(공법 변경에 의한 재작성 비용 　　포함) 　2) 안전점검 공정표 작성 비용 　3) 안전관리에 필요한 시공 상세도면 작성 비용 　4) 안전성계산서 작성 비용(거푸집 및 동바리 등) 　※ 기 작성된 시공 상세도면 및 안전성계산서 작성 비용은 제 　　외한다. **나. 안전관리계획 검토 비용** 　1) 안전관리계획서 검토 비용 　2) 대상시설물별 세부안전관리계획서 검토 비용 　　－ 시공상세도면 검토 비용 　　－ 안전성계산서 검토 비용 　※ 기 작성된 시공 상세도면 및 안전성계산서 작성 비용은 제 　　외한다.

항 목	내 역
2. **영 제100조** **제1항제1호 및** **제3호에 따른** **안전점검 비용**	**가. 정기안전점검 비용** 영 제100조제1항제1호에 따라 본 지침 별표1의 건설공사별 정기안전점검 실시시기에 발주자의 승인을 얻어 건설안전점검기관에 의뢰하여 실시하는 안전점검에 소요되는 비용 **나. 초기점검 비용** 영 제98조제1항제1호에 해당하는 건설공사에 대하여 해당 건설공사를 준공(임시사용을 포함)하기 직전에 실시하는 영 제100조제1항제3호에 따른 안전점검에 소요되는 비용 ※ 초기점검의 추가조사 비용은 본 지침 [별표8] 안전점검 비용요율에 따라 계상되는 비용과 별도로 비용계상을 하여야 한다.

3.
발파·굴착 등의
건설공사로 인한
주변 건축물 등의
피해방지대책 비용
	가. 지하매설물 보호조치 비용
	  1) 관 매달기 공사 비용
	  2) 지하매설물 보호 및 복구 공사 비용
	  3) 지하매설물 이설 및 임시이전 공사 비용
	  4) 지하매설물 보호조치 방안 수립을 위한 조사 비용
	※ 공사비에 기 반영되어 있는 경우에는 계상을 하지 않는다.
	
	나. 발파·진동·소음으로 인한 주변지역 피해방지 대책 비용
	  1) 대책 수립을 위해 필요한 계측기 설치, 분석 및 유지관리 비용
	  2) 주변 건축물 및 지반 등의 사전보강, 보수, 임시이전 비용 및 비용 산정을 위한 조사 비용
	  3) 암파쇄방호시설(계획절토고가 10m 이상인 구간) 설치, 유지관리 및 철거 비용
	  4) 임시방호시설(계획절토고가 10m 미만인 구간) 설치, 유지관리 및 철거 비용
	※ 공사비에 기 반영되어 있는 경우에는 계상을 하지 않는다.
	
	다. 지하수 차단 등으로 인한 주변지역 피해방지 대책 비용
	  1) 대책 수립을 위해 필요한 계측기의 설치, 분석 및 유지관리 비용
	  2) 주변 건축물 및 지반 등의 사전보강, 보수, 임시이전 비용 및 비용 산정을 위한 조사 비용
	  3) 급격한 배수 방지 비용
	※ 공사비에 기 반영되어 있는 경우에는 계상을 하지 않는다.
	
	라. 기타 발주자가 안전관리에 필요하다고 판단되는 비용

항 목	내 역
4. 공사장 주변의 통행안전 및 교통소통을 위한 안전시설의 설치 및 유지관리 비용	가. 공사시행 중의 통행안전 및 교통소통을 위한 안전시설의 설치 및 유지관리 비용 1) PE드럼, PE휀스, PE방호벽, 방호울타리 등 2) 경광등, 차선규제봉, 시선유도봉, 표지병, 점멸등, 차량 유 도등 등 3) 주의 표지판, 규제 표지판, 지시 표지판, 휴대용 표지판 등 4) 라바콘, 차선분리대 등 5) 기타 발주자가 필요하다고 인정하는 안전시설 6) 현장에서 사토장까지의 교통안전, 주변시설 안전대책시설 의 설치 및 유지관리 비용 7) 기타 발주자가 필요하다고 인정하는 안전시설 ※ 공사기간 중 공사장 외부에 임시적으로 설치하는 안전시설 만 인정된다. 나. 안전관리계획에 따라 공사장 내부의 주요 지점별 건설기계ㆍ 장비의 전담유도원 배치 비용 다. 기타 발주자가 안전관리에 필요하다고 판단되는 비용
5. 공사시행 중 구조적 안전성 확보 비용	가. 계측장비의 설치 및 운영 비용 나. 폐쇄회로 텔레비전의 설치 및 운영 비용 다. 가설구조물 안전성 확보를 위해 관계전문가에게 확인받는데 필요한 비용 라. 「전파법」 제2조제1항제5호 및 제5호의2에 따른 건설공사 현 장의 안전관리체 계 구축ㆍ운용에 사용되는 무선설비의 구 입ㆍ대여ㆍ유지에 필요한 비용과 무선통신의 구축ㆍ사용 등 에 필요한 비용

II

제·개정 발자취

산업안전보건관리비(제정 당시에는 표준안전관리비) 제도는 1988.02.15. 고시 제88-13호(건설공사표준안전관리비산정기준)로 제정된 후에 27차례의 개정을 거쳐 현재에 이르렀다. 제정 당시에는 법적 근거가 없이 행정 지도 차원에서 시행되다가, 1990년 1월 산업안전보건법을 개정하여 안전보건관리비를 의무적으로 계상하고 목적에 맞게 사용토록 하여 비로소 진정한 안전보건관리비 제도가 시행되었다고 볼 수 있다.

안전보건관리비 고시는 거의 매년 개정이 이루어진 셈인데 주로 사용내역에 대한 구체화, 확대 그리고 그 확인을 위한 조치의 강화 등이 이루어졌다. 반면에 계상기준에 대해서는 일부 건설공사 종류 의 규정 및 대상액 변경이 있었고, 공사 종류 및 대상액별 적용 요율 은 2013년 제20차 개정에서 한차례 상향 조정되었다.

그간의 제·개정의 이유 및 주요 내용을 요약 정리하면 다음과 같다.[04]

○ **제정 1988.02.15. 고시 제88-13호**(건설공사표준안전관리비산정기준)

- 안전보건관리비를 모든 건설공사에서 공통으로 산정하는 기본비용과 각 건설공사 특성에 따라 별도로 산정하는 별도계상비용으로 나누어 각각의 비용을 예시

- 건설공사의 종류 및 규모별로 기본비용의 산정기준(공사원가의 1.12%~3.08%)을 제시

- 사업주는 기본비용과 별도계상비용으로 예시한 항목에 준용하여 사용하도록 정함

○ **1차 개정 1989.02.10. 고시 제89-4호**

- 적용 범위를 '법의 적용을 받는 모든 원·하도급 건설사업장'에서 '산업재해보상보험법의 적용을 받는 건설공사'로 명확히 함

- 건설공사 표준안전관리비 중 기본비용 계산방법을 건설공사원가의 일정비율에서 재료비와 직접노무비의 일정비율

---

04 고용노동부가 밝힌 개정이유 및 주요 개정내용을 정리하거나 그 내용을 구할 수 없는 경우에는 필자가 개정된 고시 내용을 상호 비교하여 정리한 것임.

(1.18%~3.18%)로 변경함으로써 계산방법을 보다 쉽게 함
- 안전보건관리비의 계상시기를 원가계산에 의한 예정
  가격 작성 시로 명확히 함
- 기본비용과 별도계상비용의 주요내용을 일부 조정함

○ **2차 개정 1991.07.04. 고시 제91-39호**(건설공사표준안전관리
비계상기준및사용기준)
- '건설공사표준안전관리비계상기준및사용기준'으로 명칭
  변경
- 적용범위를 산재보험적용을 받는 모든 공사에서 산재보
  험 적용을 받는 4,000만 원 이상인 공사로 조정
- 공사 예정가격을 작성하지 아니하는 건설공사는 총공사금
  액의 70%를 안전보건관리비 산정의 기준이 되는 대상액
  으로 간주하도록 함
- 수급인은 예정가격 작성 시 계상된 안전보건관리비에 당
  해 건설공사의 낙찰률을 곱한 금액 이상을 안전보건관리
  비로 사용하도록 함
- 발주자 및 수급인은 계상된 안전보건관리비 금액을 공사
  도급계약서에 명기하도록 함
- 발주자 및 노동부 관계공무원은 안전보건관리비 사용관리
  에 대해 확인할 수 있도록 하고 수급인은 이에 응하도록 함
- 항목별 사용내역 세분화 및 항목별 사용 한도 규정

○ **3차 개정 1991.09.27. 고시 제91-57호**

- 적용범위를 다시 '산재보험 적용을 받는 4,000만 원 이상
인 공사에서 산재보험적용을 받는 모든 공사'로 변경

○ **4차 개정 1994.10.21. 고시 제94-45호**

- 수급인이 안전보건관리비 사용 및 산업재해예방을 위한
건설재해예방전문기관의 기술지도를 받도록 한 산업안전
보건법 시행령 개정 사항을 반영하여 기술지도 관련 사항
을 정함
- 건설공사의 분류는 산업재해보상보험법상의 보험요율표
에 의하여 5개 종류로 구분하고 특수 및 기타건설공사의
안전보건관리비 계상 비율을 낮게 함
- 발주자와 건설업을 행하는 자가 같은 경우 자기공사자로
하고, 설계변경 등으로 대상액의 변동이 있는 경우 지체
없이 안전관리비를 조정 계상토록 함
- 안전보건관리비 사용기준을 6개 항으로 분류 구체화하고
항목별 총비율을 150%로 하여 현장특성에 따라 신축성
있게 사용토록 하였으며, 공사진척에 따른 최소사용기준
을 규정함
- 안전보건관리비의 목적 외 사용 또는 미사용을 방지하기
위하여 발주자는 목적 외 사용된 안전보건관리비를 계약
금액에서 감액 조정할 수 있도록 함

- 발주자는 수급인에게 공사 도중 또는 종료 후 안전관리비 사용내역서의 제출을 요구할 수 있도록 함
- 안전보건관리비 사용내역서를 당해 공사현장에 비치토록 하고, 실행예산 집행 시 안전관리자가 참여토록 함

○ 5차 개정 1995.02.23. 고시 제95-6호
- 기술지도를 받지 않아도 되는 대상에 '공사기간이 3월 미만인 공사'와 '기타 노동부장관이 고시하는 건설공사'를 추가함

○ 6차 개정 1996.10.22. 고시 제96-36호
- 전담기술지도 또는 정기기술지도를 일반기술지도 또는 전문기술지도로 용어 수정
- 안전보건관리비 사용내역을 확대하고 사용기준을 완화함
- 일반기술지도 또는 전문기술지도를 월 1회를 기준으로 평균 공사기간에 해당하는 횟수 이상 실시하고 전문기술지도는 기술사가 매 3회에 1회 이상 방문지도하도록 함
- 수중공사를 제외한 공사금액 3억 원 미만인 순수건설공사, 공사금액이 1억 원 미만인 전기 및 전기통신공사와 유해·위험방지계획서 제출·심사 및 확인을 받아야 할 사업장은 기술지도 대상에서 제외함

- 기술지도 수수료가 공사규모, 공사기간을 고려하여 적정
  하게 산정되도록 기술지도 수수료 요율을 조정함

○ **7차 개정 1997.12.23. 고시 제97-42호**
- 적용대상을 산업재해보상보험법의 적용을 받는 공사 중
  공사금액이 4천만 원 이상인 건설공사로 다시 조정함
- 안전보건관리비 산정을 원가계산에 의한 예정가격 기준으
  로 계상하여 낙찰률을 적용하는 방식에서 도급계약서상의
  대상액을 기준으로 조정할 수 있도록 함
- 수급인 또는 자기공사자가 사용내역 및 기준에 의거 안전
  보건관리비를 사용할 경우, 표준품셈에 명기된 사항이라
  도 실제 공사설계내역서에 반영되지 아니한 사항은 사용
  할 수 있도록 함

○ **8차 개정 1998.12.18. 고시 제98-68호**
- 발주자 및 자기공사자가 산업재해예방비용으로서 안전보
  건관리비 사용내역에 포함되지 않은 비용을 설계내역서에
  반영토록 한 규정을 삭제함
- 발주자가 목적 외 사용, 미사용 등으로 인하여 안전보건관
  리비를 감액하여야 할 경우 계약 특수조건에 명시토록 하
  던 것을 삭제함

- 발주자에 대한 수급인의 안전보건관리비 사용내역서 제출 의무를 계약당사자인 발주자와 수급인이 자율적으로 처리토록 함
- 1억 원 이상 3억 원 미만 공사에 대한 기술지도 지도횟수 기준을 정함

○ **9차 개정 1999.06.03. 고시 제99-11호**
- 안전보건관리비를 건설업체 본사에서도 사용할 수 있도록 사용처를 건설사업장 및 본사안전 전담부서로 확대함
- 본사 안전보건관리비 사용허용에 따른 사용조건, 사용항목, 사용기준 등을 정함
- 본사 안전보건관리비 목적 외, 초과사용 등을 방지하기 위하여 사용내역서, 인사명령서 등 관계서류를 3년간 보존토록 함
- 40억 원 이상 공사 기술지도 시 기술사 방문지도 사항을 시행규칙으로 상향 규정함

○ **10차 개정 2000.05.22. 고시 제2000-17호**
- 안전보건관리비 계상을 위한 건설공사종류 예시표를 고시에 직접 규정하고 하나의 사업장 내에 공사종류가 2 이상인 경우에는 공사금액이 가장 큰 건설공사의 종류를 적용

토록 함

- 본사 안전보건관리비 항목별 사용내역과 산출내역 서류를 통합함
- 추락 등 위험장소에 설치하는 위험경보기에 소요되는 비용과 건설안전참여교육프로그램에 참여하는 근로자에게 지급하는 교육수당 등을 안전보건관리비로 사용할 수 있도록 함

○ **11차 개정 2001.02.16. 고시 제2001-22호**(건설업산업안전 관리비계상및사용기준)

- '표준안전관리비'를 '산업안전보건관리비'로 변경함
- 발파작업 시 낙뢰에 의한 위험방지를 위한 낙뢰위험경보기의 구입·설치에 소요되는 비용과 근로자가 보호구를 지참하여 사용하는 경우에 지급하는 보상금을 사용할 수 있도록 함
- 새로 기술지도 대상이 된 공사금액 100억 원 이상 150억 원 미만 공사에 대한 지도대가 및 지도횟수기준을 마련하고 기준체계를 단순화함

○ **12차 개정 2002.07.22. 고시 제2002-15호**

- 수급인 또는 자기공사자의 계상된 금액 이상을 안전보건

관리비로 사용해야 한다는 의무 규정을 삭제함
- 공사의 특성상 공사감독자, 감리자 또는 재해예방기관에서 인정하는 경우 항목별 사용기준 한도의 50% 범위 내에서 초과하여 사용할 수 있도록 함
- 가설전선의 보호시설, 제빙 또는 제설 비용 등 안전보건관리비로 사용할 수 있는 항목을 대폭 확대함
- 기술지도 대가를 증액함

○ 13차 개정 2005.03.17. 고시 제2005-6호
- 항목별 사용기준과 공사진척에 따른 사용기준을 폐지하여 사용 제약요인을 완화함
- 사용내역을 부분 조정함

○ 14차 개정 2005.12.05. 고시 제2005-32호
- 기술지도 대가 기준을 폐지함

○ 15차 개정 2007.02.21. 고시 제2007-4호
- 단가계약에 의한 공사의 경우 총계약금액을 기준으로 안전보건관리비 제도의 적용여부를 정하도록 함
- 수급인 또는 자기공사자는 안전보건관리비 사용내역에 대

하여 6월마다 1회 이상 발주자 또는 감리원의 확인을 받도록 함

○ **16차 개정 2008.10.22. 고시 제2008-67호**
- 공사진척에 따른 안전보건관리비 사용기준을 다시 정하되 발주자 또는 감리원이 달리 정할 수 있도록 함
- 본사 안전보건관리비의 사용한도를 전체 안전관리비의 5%를 넘지 못하도록 함
- 수급인 또는 자기공사자가 안전관리비 실행예산을 편성할 때 계상된 안전보건관리비 이상으로 하도록 함
- 근로자를 보호하기 위한 기능성 조끼, 샤워시설 등 사용항목 확대

○ **17차 개정 2010.08.09. 고시 제2010-10호**
- 인용 법령 조항 등 문구 정리

○ **18차 개정 2012.02.08. 고시 제2012-23호**
- 안전보건관리비 사용항목을 안전관리자 인건비, 안전시설비, 본사 사용비 등 8개 항목으로 포괄적으로 정하고, 그에 해당하더라도 공사 도급내역서에 반영되어 있는 경우 등

사용할 수 없는 항목을 열거하는 방식으로 전환함(포지티브
방식 → 네거티브 방식)

- 관리감독자가 안전보건 업무 수행 시 수당을 지급할 수 있
도록 함

○ 19차 개정 2012.11.23. 고시 제2012-126호
- 안전보건 등 산업재해 예방에 관한 전문적, 기술적 정보를
60% 이상 제공하는 간행물 구독에 소요되는 비용을 사용
가능토록 함
- 해열제, 소화제 등 구급약품 및 구급용구 등의 구입비용을
사용가능토록 함

○ 20차 개정 2013.10.14. 고시 제2013-47호
- 계상요율을 24년 만에 대폭 상향 조정함(공사규모 및 종류별로
직·간접 재료비와 직접노무비 합계액의 0.91~3.18% → 1.20~3.43%)

○ 21차 개정 2014.10.22. 고시 제2014-37호
- 단가계약에 의하여 행하는 공사 중 총계약금액을 기준으
로 안전보건관리비를 계상하는 공사 확대: 전기공사업법
에 따른 전기공사 중 고압 또는 특별고압 작업으로 이루어

지는 공사 → 전기공사업법에 따른 전기공사 중 저압·고압 또는 특별고압 작업으로 이루어지는 공사

○ **22차 개정 2017.02.07. 고시 제2017-08호**
- 작업내용 및 위험요인이 유사한 모든 정보통신공사의 단가계약 공사에 대해서는 총 계약금액을 기준으로 안전보건관리비를 계상하도록 조정
- 공사금액 800억 원 이상 건설공사의 보건관리자 인건비 추가 소요를 고려하여 안전보건관리비 계상기준 인상
- 유해·위험방지계획서 제출대상 공사로써 공사금액 50억 원 이상 120억 원(토목공사 150억 원) 미만 건설공사에 선임하는 겸직 안전관리자 인건비 사용근거를 마련
- 화재·폭발사고 예방을 위해 배치하는 화기감시자 인건비를 안전보건관리비로 사용할 수 있도록 구체적으로 명시함

○ **23차 개정 2018.10.05. 고시 제2018-72호**
- 발주자가 수급인과 공사계약을 체결할 경우 낙찰률을 적용하지 아니하고, 당초 예정가격 작성 시 계상한 안전보건관리비를 금액 조정 없이 반영하도록 함
- 설계변경으로 인한 공사금액 변경 시 안전보건관리비 조정 방법을 정함

○ **24차 개정 2018.12.31. 고시 제2018-94호**

- 근로자의 건강관리에 소요되는 비용에 중대재해 목격에
  따른 심리치료 비용을 포함

- 소화기 구매에 소요되는 비용, 6~10월에 사용하는 제빙기
  임대비용은 사용가능토록 하는 등 사용항목 조정

○ **25차 개정 2019.12.13. 고시 제2019-64호**

- 안전보건관리비 계상대상을 총 공사금액 2천만 원 이상
  공사로 확대

- 재해예방기술지도 시행 횟수를 월 1회에서 월 2회로 현행화

- 근로자 재해예방을 목적으로 사용하는 CCTV가 산업안전보
  건관리비로 사용가능함을 쉽게 알 수 있도록 명확히 규정

○ **26차 개정 2020.01.23. 고용노동부 고시 제2020-63호**

- 산업안전보건법 전면개정에 따른 인용조항 등 문구 정리

○ **27차 개정 2022.06.02. 고용노동부고시 제2022-43호**

-「중대재해 처벌 등에 관한 법률」시행에 따라 건설공사 사
  업주의 적극적인 산재예방활동이 예상되고, 신기술 도입,
  기상이변 등에 따른 선제적 안전보건조치 필요가 증가함

에 따라 안전보건관리비의 사용 유연성을 대폭 강화

- 안전보건관리비의 사용가능내역 확대 등에 따른 사용성
  확대
  - 겸직 안전관리자 인건비 50%까지 지급 허용
  - 스마트 안전장비의 구매비용의 20% 사용가능(계상된 비용의
    10% 이내)
  - 타 법령상 의무교육 등 모든 산업안전보건 교육비 사용 허용
  - 감염병 예방을 위한 마스크, 손소독제, 진단비 등 허용
  - 휴게시설의 온도 조명 설치·관리를 위해 소요되는 비용
  - 본사 사용 안전관리비: 200위 이내 종합건설업체 사용 제
    한, 5억 원 한도 폐지, 인건비 등으로 사용 항목 한정
  - 기술지도비 사용한도 20% 제한 폐지
  - 위험성평가 또는 중대재해법 상 유해위험 요인 개선 판단을
    통해 발굴하여 노사 간 합의를 통해 정한 품목 허용(총액의
    10% 한도)
- 별표 2 항목별 사용불가내역을 삭제하고 제7조제2항에서
  포괄적으로 정함

III

제도의 주요 내용[05]

---

05 고용노동부에서 발간한 '건설업 산업안전보건관리비 해설(2022.06.)'의 내용을 참고하고, 이해를 돕기 위한 자료와 설명을 더한 후에 필요한 경우 필자의 생각을 추가하여 정리함.

1. 적용범위

고용노동부 고시 건설업산업안전관리비계상및사용기준(이하 고시) 제3조는 산업안전보건관리비의 적용범위에 대하여 다음과 같이 정하고 있다.

고시 제3조(적용범위)

이 고시는「산업안전보건법」(이하 '법'이라 한다) 제2조제11호에 따른 건설공사 중 총공사금액 2천만 원 이상인 공사에 적용한다. 다만, 다음 각호의 어느 하나에 해당하는 공사 중 단가계약에 의하여 행하는 공사에 대하여는 총계약금액을 기준으로 적용한다.

1) 「전기공사업법」 제2조에 따른 전기공사로서 저압·고압 또는 특별고압 작업으로 이루어지는 공사

2) 「정보통신공사업법」 제2조에 따른 정보통신공사

※ 법 제2조제11호에 따른 건설공사

1) 「건설산업기본법」 제2조제4호에 따른 건설공사

2) 「전기공사업법」 제2조제1호에 따른 전기공사

3) 「정보통신공사업법」 제2조제2호에 따른 정보통신공사

4) 「소방시설공사업법」에 따른 소방시설공사

5) 「문화재수리 등에 관한 법률」에 따른 문화재수리공사

또한, 단가계약에 대하여 지방계약법은 다음과 같이 정하고 있다.

「지방자치단체를 당사자로 하는 계약에 관한 법률」 제25조
(단가계약)

① 지방자치단체의 장 또는 계약담당자는 일정한 기간 계속하여 제조·구매·수리·보수·복구·가공·매매·공급·사용 등의 계약을 체결할 필요가 있을 때에는 해당 회계연도 예산의 범위에서 미리 단가(單價)에 대하여 계약을 체결할 수 있다.

단가계약은 일정 기간 지속적이고 반복적으로 제조, 수리, 가공, 매매, 공급, 사용 등의 수요가 발생할 때에 해당 연도 예산범위에서

단가를 정하여 체결하는 계약방법이다. 즉 총액계약이 수요량이 확정 되어 있는 반면에 단가계약은 예정만 되어 있어 총액을 확정하기 어려워, 예정된 수량에 대한 단가만 정하는 것이다.

단가계약 공사에 대한 안전보건관리비 적용은 연초에 정한 추정 계약금액이 아니라 개별 단위공사의 물량에 미리 계약된 단가를 곱한 총공사금액이 2천만 원 이상인 공사에 적용하는 것이 원칙이다. 그러나 고시 제3조의 단서조항에 의하여 「전기공사업법」 제2조에 따른 전기공사로서 저압·고압 또는 특별고압으로 이루어지는 공사 및 「정보통신공사업법」 제2조에 따른 정보통신공사 중 단가계약에 의하여 행하는 공사는 총계약금액 기준으로 적용한다.

> ※ 단서에 해당하는 공사가 1차 공사의 총공사금액이 1천만 원, 2차 공사의 총공사금액이 1천 5백만 원인 경우 안전보건관리비 적용여부는 1차와 2차의 총공사금액을 합한 (추정) 총계약 금액 2천 5백만 원으로 판단함(결과적으로 안전보건관리비 적용 대상)

또한, 발주자가 다수의 도급인에게 분리하여 발주한 공사의 경우에는 분리 발주한 공사의 도급금액을 합산한 금액이 아니라 각 개별 공사 공사금액이 2천만 원 이상인지를 따져 적용여부를 판단한다.

예를 들어, 건축공사(2억 원), 토목공사(1억 원), 전기공사(1천만 원), 정보통신공사(1천만 원)를 각각 분리 발주한 경우, 전체공사의 총공사금액이 2천만 원 이상이라 하더라도 개별공사의 공사 금액이 2천만 원 미만인 전기공사 및 정보통신공사에는 적용되지 않는다.

2. 계상 의무

안전보건관리비의 계상 의무는 산업안전보건법(이하 법) 제72조에 의거 발주자 및 자기공사자에게 있다. 따라서, 안전보건관리비를 계상하지 아니하거나 적게 계상된 경우 그 책임은 도급인이 아니라 발주자에게 있으므로, 도급인은 발주자에게 이의 시정을 요구할 수 있다.

【법 제72조】

① 건설공사발주자가 도급계약을 체결하거나 건설공사의 시공을 주도하여 총괄·관리하는 자(건설공사 발주자로부터 건설공사를 최초로 도급받은 수급인은 제외한다)가 건설공사 사업계획을 수립할 때에는 고용노동부장관이 정하여 고시하는 바에 따라 산업재해 예방을 위하여 사용하는 비용(이하 "산업안전보건관리비"라 한다)을 도급금액 또는 사업비에 계상(計上)하여야 한다.

3. 계상 시기

안전보건관리비는 발주자의 경우 원가계산에 의한 예정가격 작성 시 계상하여야 하고, 자기공사자는 원가계산에 의한 예정가격을 작성 하거나 자체사업계획을 수립하는 때에 계상하여야 한다.[06]

> **【고시 제4조】**
>
> ① 건설공사발주자(이하 "발주자"라 한다)가 도급계약 체결을 위한 원가계산에 의한 예정가격을 작성하거나, 자기공사자가 건설공 사 사업계획을 수립할 때에는 다음 각 호와 같이 안전보건관리 비를 계상하여야 한다.

4. 대상액 산정

안전관리비 산정의 기초가 되는 대상액은 공사내역이 구분되어 있는 경우와 구분되어 있지 않은 경우로 나누어 다음과 같이 정해 진다.

---

[06] 고시 제4조는 자기공사자의 계상시기를 '사업계획을 수립하는 때'로 정하고 있음에도 고 용노동부가 '원가계산에 의한 예정가격를 작성하거나 사업계획을 수립하는 때'로 해석하 고 있다. 이는 발주자 또는 자기공사자가 공사에 소요되는 비용을 산정하는 최초의 시기 에 안전보건관리비를 계상하여야 한다는 입장으로 보인다.

1) 공사내역이 구분되어 있는 경우(고시 제2조제1항제2호): **재료비**(발주자

가 따로 재료를 제공하는 경우에는 해당 재료비 또는 완제품의 가액을 포함한 금액)

+ 직접노무비

※ 완제품: 물품구매 및 설치공사의 물품(터빈발전기 및 고압급수가열

기), 산업용 보일러 등과 같이 완성된 일체의 형태로 현장에

납품, 구매 또는 지급되는 자재 등

2) 공사내역이 구분되지 않은 경우(고시 제4조제1항제3호): **총공사금액**

(부가가치세 포함) × **70%**

※ 안전보건관리비 계상 시 대상액이 구분되지 않은 공사에

있어 총공사금액의 70%를 대상액으로 보는 것은 재료비와

직접노무비를 합한 금액이 통상적으로 총공사금액의 70%

정도에 해당하는 데 따른 것임

5. 공사종류의 적용

안전보건관리비는 기본적으로 앞에서 살핀 대상액에 공사종류별

로 정해진 요율을 곱하여 산정한다. 공사종류는 고시 별표5에서 일반

건설공사(갑), 일반건설공사(을), 중건설공사, 철도 또는 궤도 신설 공사,

특수 및 기타 건설공사로 나누고 각각에 해당하는 공사종류를 예시

하고 있다. 이때 하나의 사업장에 건설공사 종류가 둘 이상인 경우(분

리 발주한 경우를 제외한다)에는 공사금액이 가장 큰 공사종류를 적용한다.

1) 일반건설공사(갑)

중건설공사, 철도 또는 궤도건설공사, 기계장치공사 이외의 건축공사, 도로신설 등 공사와 이에 부대하여 당해 공사를 현장 내에서 행하는 공사

※ 건축물 등의 건설공사, 도로건설공사, 기타 건설공사

2) 일반건설공사(을)

각종 기계·기구장치 등을 설치하는 공사

3) 중건설공사

고제방(댐), 수력발전시설, 터널 등을 신설하는 공사

4) 철도 또는 궤도 등을 신설하는 공사

철도 또는 궤도 신설에 관한 공사와 이에 부대하여 행하는 공사로 기설노반 또는 구조물에서 행하는 철도·궤도 신설공사에 한정함

※ 이 공사에서 신설이란 새로운 철도·궤도의 건설, 단선을 복선으로 하는 경우 등 새로운 형태로 시공되는 것을 말함

5) 특수 및 기타 건설공사

타 공사와 분리 발주되어 시간·장소적으로 독립하여 행하는 다음의 공사(다른 공사와 병행하여 행하는 경우에는 일반건설공사(갑)으로 분류)

가)「건설산업기본법」에 의한 준설공사, 조경공사, 택지조성공사(경지정리공사 포함), 포장공사

나)「전기공사사업법」에 의한 전기공사

다)「정보통신공사업법」에 의한 정보통신공사

6. 안전보건관리비의 계상방법

안전보건관리비 계상방법은 고시 제4조에 상세히 정해져 있다. 기본적으로 대상액에 고시 별표1에서 공사종류별로 정한 비율을 곱하여 산정하는데, 공사규모에 따라 기초액을 더하기도 하고, 공사내역이 구분되어 있지 않은 경우에 대상액의 산정방법을 따로 정하기도 하고, 발주자가 재료를 제공하는 경우의 과다계상 방지를 위한 방법을 적용하기도 한다.

△ 공사내역이 구분되어 있는 경우: 안전보건관리비는 재료비와 직접노무비의 합계액(대상액)에 요율을 곱한 금액이고 대상액이 5억 원 이상 50억 원 미만 공사의 경우에는 여기에 기초액을 더한 금액으로 산정한다.

{재료비(발주자 제공 재료비 또는 완제품 가액 포함) + 직접노무비} × 요율 + 기초액(대상액이 5~50억 미만인 경우에 한함)

△ 공사내역이 구분되어 있지 않은 경우: 안전보건관리비는 총공사금액의 70%(대상액)에 요율을 곱한 금액이고 대상액이 5억

원 이상 50억 원 미만 공사의 경우에는 여기에 기초액을 더한 금액으로 산정한다.

{(총공사금액 × 70%) × 요율} + 기초액(대상액이 5~50억 미만인 경우에 한함)

△ 발주자가 재료를 제공하거나 물품이 완제품의 형태로 제작 또는 납품되어 설치되는 경우: 안전보건관리비는 위 가와 나의 경우 모두「해당 재료비 또는 완제품의 가액을 대상액에 포함시킬 때의 안전보건관리비」와「해당 재료비 또는 완제품의 가액을 포함시키지 않은 때의 안전보건관리비」의 1.2배를 비교하여 작은 금액으로 산정한다.

【고시 제4조】

① 건설공사발주자(이하 "발주자"라 한다)가 도급계약 체결을 위한 원가계산에 의한 예정가격을 작성하거나, 자기공사자가 건설공사 사업계획을 수립할 때에는 다음 각 호와 같이 안전보건관리비를 계상하여야 한다. 다만, 발주자가 재료를 제공하거나 일부 물품이 완제품의 형태로 제작·납품되는 경우에는 해당 재료비 또는 완제품 가액을 대상액에 포함하여 산출한 안전보건관리비와 해당 재료비 또는 완제품 가액을 대상액에서 제외하고 산출한 안전보건관리비의 1.2배에 해당하는 값을 비교하여 그중 작은 값 이상의 금액으로 계상한다.

1. 대상액이 5억 원 미만 또는 50억 원 이상인 경우: 대상액에 별표 1에서 정한 비율을 곱한 금액

2. 대상액이 5억 원 이상 50억 원 미만인 경우: 대상액에 별표 1에서 정한 비율을 곱한 금액에 기초액을 합한 금액

3. 대상액이 명확하지 않은 경우: 제4조제1항의 도급계약 또는 자체사업계획상 책정된 총공사금액의 10분의 7에 해당하는 금액을 대상액으로 하고 제1호 및 제2호에서 정한 기준에 따라 계상

【별표 1】 (개정, 2018.10.05.) **공사종류 및 규모별 안전관리비 계상기준표**

구 분 / 공사종류	대상액 5억 원 미만인 경우 적용비율 (%)	대상액 5억 원 이상 50억 원 미만인 경우		대상액 50억 원 이상인 경우 적용비율 (%)	영 별표5에 따른 보건관리자 선임 대상 건설공사의 적용비율 (%)
		적용비율 (%)	기초액		
일반건설공사 (갑)	2.93%	1.86%	5,349,000원	1.97%	2.15%
일반건설공사 (을)	3.09%	1.99%	5,499,000원	2.10%	2.29%
중건설공사	3.43%	2.35%	5,400,000원	2.44%	2.66%
철도·궤도 신설공사	2.45%	1.57%	4,411,000원	1.66%	1.81%
특수 및 기타 건설공사	1.85%	1.20%	3,250,000원	1.27%	1.38%

(단위: 원)

7. 안전보건관리비의 조정계상

안전보건관리비는 설계변경, 물가변동, 관급자재의 증감 등으로 대상액의 변동이 있는 경우에는 변경시점을 기준으로 다시 계상하여야 하며, 설계변경 등으로 공사금액이 800억 원 이상으로 증액된 경우 증액된 대상액에 기준 요율을 적용하여 새로 계상하여야 한다.

【고시 제4조】

⑤ 발주자 또는 자기공사자는 설계변경 등으로 대상액의 변동이 있는 경우 별표 1의 3에 따라 지체 없이 안전보건관리비를 조정 계상하여야 한다. 다만, 설계변경으로 공사금액이 800억 원 이상으로 증액된 경우에는 증액된 대상액을 기준으로 제1항에 따라 재계상한다.

조정계상 방법은 별표 1의 3에 다음과 같이 상세하게 규정되어 있고, 설계변경 등으로 공사금액이 800억 원 이상으로 증액된 경우에는 아예 별개의 공사처럼 고시 제4조제1항에 따라 재계상하여야 한다.

【별표 1의 3】 설계변경 시 안전보건관리비 조정·계상방법

1. 설계변경에 따른 안전관리비는 다음 계산식에 따라 산정한다.

    ○ 설계변경에 따른 안전관리비 = 설계변경 전의 안전관리비 + 설계변경으로 인한 안전관리비 증감액

2. 제1호의 계산식에서 설계변경으로 인한 안전관리비 증감액은 다음 계산식에 따라 산정한다.

    ○ 설계변경으로 인한 안전관리비 증감액 = 설계변경 전의 안전관리비 × 대상액의 증감비율

3. 제2호의 계산식에서 대상액의 증감비율은 다음 계산식에 따라 산정한다. 이 경우, 대상액은 예정가격 작성 시의 대상액이 아닌 설계변경 전·후의 도급계약서상의 대상액을 말한다.

    ○ 대상액의 증감 비율 = {(설계변경 후 대상액 − 설계변경 전 대상액) / 설계변경 전 대상액}

8. 안전보건관리비의 사용

건설공사 현장에서 근무하는 근로자의 산재사고 및 건강장해 예방을 위한 목적으로만 사용함이 원칙으로서 그 사용 항목을 고시 제7조에서 정하고 있는데, 2022.06.02. 개정을 통해서 위험성 평가를 통해 발굴한 품목, 스마트 안전시설·장비, 감염병 예방 품목 등 일부 항목도 사용할 수 있도록 허용하고 있다. 다만 사용가능 항목에 해당

한다 할지라도 다른 법령에서 정한 의무사항을 이행하는 데 필요한 비용 등에 대해서는 사용할 수 없도록 사용불가내역을 포괄적으로 정하고 있다.

8-1. 사용 항목(고시 제7조제1항)

가. 안전보건관리자·보건관리자의 임금 등

1) 법 제17조제3항 및 법 제18조제3항에 따라 안전 또는 보건관리 업무만을 전담하는 안전 또는 보건관리자의 임금과 출장비 전액

※ 선임신고 이후 해당 현장에서 발생한 퇴직급여도 사용가능

2) 안전 또는 보건관리 업무를 전담하지 않는 안전 또는 보건관리자의 임금과 출장비의 각각 2분의 1에 해당하는 비용

3) 안전관리자를 선임한 건설공사 현장에서 산재예방 업무만을 수행하는 작업지휘자, 유도자, 신호자 등의 임금 전액

4) 별표 1의 2에 해당하는 작업을 직접 지휘·감독하는 직·조·반장 등 관리감독자의 직위에 있는 자가 영 제15조제1항에서 정하는 업무를 수행하는 경우에 지급하는 업무수당(임금의 10분의 1 이내)

【별표 1의 2】 관리감독자 안전보건업무 수행 시 수당지급 작업

1. 건설용리프트·곤돌라를 이용한 작업
2. 콘크리트 파쇄기를 사용하여 행하는 파쇄작업(2미터 이상인 구축물 파쇄에 한정한다)
3. 굴착 깊이가 2미터 이상인 지반의 굴착작업
4. 흙막이지보공의 보강, 동바리 설치 또는 해체작업
5. 터널 안에서의 굴착작업, 터널거푸집의 조립 또는 콘크리트 작업
6. 굴착면의 깊이가 2미터 이상인 암석 굴착 작업
7. 거푸집지보공의 조립 또는 해체작업
8. 비계의 조립, 해체 또는 변경작업
9. 건축물의 골조, 교량의 상부구조 또는 탑의 금속제의 부재에 의하여 구성되는 것(5미터 이상에 한정한다)의 조립, 해체 또는 변경작업
10. 콘크리트 공작물(높이 2미터 이상에 한정한다)의 해체 또는 파괴작업
11. 전압이 75볼트 이상인 정전 및 활선작업
12. 맨홀작업, 산소결핍장소에서의 작업
13. 도로에 인접하여 관로, 케이블 등을 매설하거나 철거하는 작업
14. 전주 또는 통신주에서의 케이블 공중가설작업
15. 영 별표 2의 위험방지가 특히 필요한 작업

영 제15조(관리감독자의 업무 등)

① 법 제16조제1항에서 "대통령령으로 정하는 업무"란 다음 각 호의 업무를 말한다.

1. 사업장 내 법 제16조제1항에 따른 관리감독자(이하 "관리감독자"라 한다)가 지휘·감독하는 작업(이하 이 조에서 "해당작업"이라 한다)과 관련된 기계·기구 또는 설비의 안전 ·보건 점검 및 이상 유무의 확인
2. 관리감독자에게 소속된 근로자의 작업복·보호구 및 방호장치의 점검과 그 착용·사용에 관한 교육·지도
3. 해당작업에서 발생한 산업재해에 관한 보고 및 이에 대한 응급조치
4. 해당작업의 작업장 정리·정돈 및 통로 확보에 대한 확인·감독
5. 사업장의 다음 각 목의 어느 하나에 해당하는 사람의 지도·조언에 대한 협조

   가. 법 제17조제1항에 따른 안전관리자(이하 "안전관리자"라 한다) 또는 같은 조 제5항에 따라 안전관리자의 업무를 같은 항에 따른 안전관리전문기관(이하 "안전관리전문기관"이라 한다)에 위탁한 사업장의 경우에는 그 안전관리전문기관의 해당 사업장 담당자

   나. 법 제18조제1항에 따른 보건관리자(이하 "보건관리자"라 한다) 또는 같은 조 제5항에 따라 보건관리자의 업무를 같은 항에 따른 보건관리전문기관(이하 "보건관리전문 기관"이라 한다)에 위탁한 사업장의 경우에는 그 보건관리전문기관의 해당 사업장 담당자

   다. 법 제19조제1항에 따른 안전보건관리담당자(이하 "안전보건관리담당자"라 한다) 또는 같은 조 제4항에 따라 안전보건관리담당자의 업무를 안전관리전문기관 또는 보건관리전문기관에 위탁한 사업장의 경우에는 그 안전관리전문기관 또는 보건관리전문기관의 해당 사업장 담당자

라. 법 제22조제1항에 따른 산업보건의(이하 "산업보건의"라
　　한다)
6. 법 제36조에 따라 실시되는 위험성평가에 관한 다음 각 목
　의 업무
　가. 유해·위험요인의 파악에 대한 참여
　나. 개선조치의 시행에 대한 참여
7. 그 밖에 해당작업의 안전 및 보건에 관한 사항으로서 고용노
　동부령으로 정하는 사항

※ 참고: 근로기준법상 임금

△ "임금"이란 사용자가 근로의 대가로 근로자에게 임금, 봉급, 그
　밖에 어떠한 명칭으로든지 지급하는 모든 금품으로(근로기준법 제
　2조제1항제5호),

　- '사용자가 근로의 대가로 근로자에게 지급하는 금품으로써,
　　근로자에게 계속적·정기적으로 지급되며 그 지급에 관하여
　　단체협약·취업규칙·급여규정·근로계약·노동관행 등에 의
　　하여 사용자에게 그 지급의무가 지워져 있는 것'을 말한다
　　(대법원 1990.12.07. 선고, 90다카19647 판결 등).

△ 일반적으로 근로기준법에 따라 지급하는 연장·야간·휴일근로
　수당, 가족수당 등의 금품은 임금에 포함되나,
　- ① 출장비, 판공비, 장비·근무복 구입비 등 실비변상적 금

품, ② 일률적으로 지급·제공되지 않은 사택, 급식, 학자금 보조금 등 복리후생적 물품·시설 또는 금품, ③ 단체협약 등에서 정하지 않아 사용자에게 지급의무가 없고 비정기적으로 지급한 축하금, 격려금, 선물비 등 은혜적·호의적 금품 등은 임금에 해당하지 않음

나. 안전시설비 등

1) 산업재해 예방을 위한 안전난간, 추락방호망, 안전대 부착설비, 방호장치(기계·기구와 방호장치가 일체로 제작된 경우 방호장치 부분의 가액에 한함) 등 안전시설의 구입·임대 및 설치를 위해 소요되는 비용

   ※ 안전시설 해체의 경우 설치에 부수적으로 따르는 행위로 보아 사용 허용

   ※ 추락방지용 안전시설, 낙하·비래물 보호용 시설, 중장비로부터 근로자 보호를 위한 교통안전표지판 및 펜스 등 교통안전시설물, 위생 및 긴급피난용 시설 등

2) 「건설기술진흥법」 제62조의3에 따른 스마트 안전장비 구입·임대비용의 5분의 1에 해당하는 비용. 다만, 제4조에 따라 계상된 안전보건관리비 총액의 10분의 1을 초과할 수 없다.[07]

   ※ 안전보건관리비 총액이 250만 원인 공사현장에서 스마트헬멧(구매가 140만 원, 통신비 별도) 구입 시

---

07 스마트 안전장비 구입·임대비용의 5분의 1에 해당하는 비용을 사용할 수 있게 함으로써 이 장비를 현장에서 활용토록 하는데 얼마나 도움이 될까 하는 의문이 든다. 원칙적으로 안전관리비의 목적 외 사용은 엄격히 금하되 어디에 사용하느냐는 현장의 위험요인을 감안해서 현장 관계자가 판단하도록 하는 것이 효율적일 것이다.

○ 구입·임대비의 5분의 1 해당 비용: 140만 원 × 20% = 28만 원

○ 안전보건관리비 총액의 10분의 1: 25만 원

☞ 스마트 안전장비 품목으로 사용가능한 안전보건관리비: 25만 원

3) 용접 작업 등 화재 위험작업 시 사용하는 소화기의 구입·임대 비용

다. 보호구 등

1) 법 시행령 제74조제1항제3호에 따른 보호구의 구입·수리·관리 등에 소요되는 비용

2) 근로자가 가목에 따른 보호구를 직접 구매·사용하여 합리적인 범위 내에서 보전하는 비용

3) 고시 제7조제1항제1호 가목부터 다목까지의 규정에 따른 안전·보건관리자 등의 업무용 피복, 기기 등을 구입하기 위한 비용

  ※ 안전·보건관리자, 안전보건보조원의 피복 및 사무기기에 소요되는 비용

4) 안전관리자 및 보건관리자가 안전보건 점검 등을 목적으로 건설공사 현장에서 사용하는 차량의 유류비·수리비·보험료

라. 안전보건진단비

1) 법 제42조의 유해위험방지계획서 작성 등에 소요되는 비용

2) 법 제47조에 따른 안전보건진단에 소요되는 비용

3) 법 제125조에 따른 작업환경 측정에 소요되는 비용

4) 그 밖에 산업재해예방을 위해 법에서 지정한 전문기관 등에서 실시하는 진단, 검사, 지도 등에 소요되는 비용

마. 안전보건교육비 등

1) 법 제29조부터 제31조까지의 규정에 따라 실시하는 의무교육이나 이에 준하는 교육을 위한 건설공사 현장의 교육 장소 설치·운영 등에 소요되는 비용

    ※ 건설업 기초안전보건교육을 이수한 교육생에게 지급하는 교육비 등 사용가능. 교육장 사용목적으로 임대하는 컨테이너 임대 비용은 사용가능하나, 컨테이너 구매에 소요되는 비용은 사용불가

2) 이외 산업재해 예방 목적을 가진 다른 법령상 의무교육을 실시하기 위해 소요되는 비용

    ※ 산업안전보건법 외 다른 법령에 따른 안전보건 교육 시 발생하는 비용도 사용가능

3) 안전보건관리책임자, 안전관리자, 보건관리자가 업무수행을 위해 필요한 정보를 취득하기 위한 목적으로 도서, 정기간행물을 구입하는 데 소요되는 비용

    ※ 정기간행물의 경우 안전보건 등 산업재해 예방에 관한 전문적, 기술적 정보 제공을 주된 목적으로 하는 간행물에 한하여 인정

4) 건설공사 현장에서 안전기원제 등 산업재해 예방을 기원하는

행사를 개최하기 위해 소요되는 비용. 단, 행사의 방법, 소요된 비용 등을 고려하여 사회통념에 적합한 행사에 한한다.

5) 건설공사 현장의 유해·위험요인을 제보하거나 제도개선 방안 등을 제안한 근로자를 격려하기 위해 지급하는 비용

바. 근로자 건강장해예방비

1) 법령에 규정되어 있거나 그에 준하여 요구되는 근로자의 각종 건강장해 예방에 필요한 비용

　※ 법·영·규칙 및 고시에서 규정하거나 그에 준하여 요구되는 근로자의 건강관리를 위한 각종 비용(탈수 예방 목적의 분말형태 이온음료, 정제된 소금 등) 및 작업의 특성에 따라 근로자 건강보호를 위해 소요되는 비용 등

2) 중대재해 목격으로 발생한 정신질환을 치료하기 위해 소요되는 비용

3) 「감염병의 예방 및 관리에 관한 법률」 제2조제1호에 따른 감염병 확산 방지를 위한 마스크, 손소독제, 체온계 구입비 및 감염병 병원체 검사를 위해 소요되는 비용

4) 법 제128조의2 등에 따른 휴게시설을 갖춘 경우 온도, 조명설치·관리기준을 준수하기 위해 소요되는 비용

사. 법 제73조 및 제74조에 따른 건설재해예방전문지도기관의 지도에 대한 대가로 지급하는 비용

　※ 2022년 8월 18일 시행되는 개정 산업안전보건법에서 기

술지도 계약의무 주체가 기존 건설공사도급인에서 발주자 등으로 변경됨에 따라 2022년 8월 17일 이전 계약분에 한하여 사용가능

아. 「중대재해 처벌 등에 관한 법률」 시행령 제4조제2호나목에 해당하는 건설사업자가 아닌 자가 운영하는 사업에서 안전보건 업무를 총괄·관리하는 3명 이상으로 구성된 본사 전담조직에 소속된 근로자의 임금 및 업무수행 출장비 전액. 다만, 제4조에 따라 계상된 안전보건관리비 총액의 20분의 1을 초과할 수 없다.

　　※ 건설산업기본법 제8조 및 같은 법 시행령 별표1에 따른 토목건축 공사업에 대해 같은 법 제23조에 따라 평가하여 직전년도 공시된 시공능력 순위가 상위 200위 이내인 건설사업자는 사용불가

자. 법 제36조에 따른 위험성평가 또는 「중대재해 처벌 등에 관한 법률 시행령」 제4조제3호에 따라 유해·위험요인 개선을 위해 필요하다고 판단하여 법 제24조의 산업안전보건위원회 또는 법 제75조의 노사협의체 등에서 사용하기로 결정한 사항을 이행하기 위한 비용. 다만, 제4조에 따라 계상된 안전보건관리비 총액의 10분의 1을 초과할 수 없다.

예시: 혹서기 건설공사 현장 근로자에게 생수병을 제공하려는 경우

　① 법 제36조에 따른 위험성평가 시 생수 부족에 대한 위험요인 분석

② 법 제75조 노사협의체에서 안전보건관리비로 생수병 구입·
제공 결정

☞ 해당 증빙자료 등 작성·보존 후 안전보건관리비(생수병 구입)
사용

8-2. 사용불가내역(고시 제7조제2항)

가. 사용기준에 부합하더라도 다음 항목에 해당하는 경우 사용불가

(다만, 제1항제2호나목 및 다목, 제1항제6호나목부터 라목, 제1항제9호의 경우에는 그러
하지 아니하다.)

1) 「(계약예규)예정가격작성기준」 제19조제3항 중 각 호(단, 제14호 산업
안전보건관리비는 제외)에 해당되는 다음 비용

※ ①전력비, 수도광열비, ②운반비, ③기계경비, ④특허권사용
료, ⑤기술료, ⑥연구개발비, ⑦품질관리비, ⑧가설비, ⑨지
급임차료, ⑩보험료, ⑪복리후생비, ⑫보관비, ⑬외주가공비,
⑭소모품비, ⑮여비·교통비·통신비, ⑯세금, 공과금, ⑰폐기
물처리비, ⑱도서인쇄비, ⑲지급수수료, ⑳환경보전비, ㉑보
상비, ㉒안전관리비, ㉓건설근로자퇴직공제부금비, ㉔관급자
재 관리비, ㉕법정부담금, ㉖기타 법정경비

2) 산업안전보건법 외 다른 법령에서 의무사항으로 규정한 사항
을 이행하는 데 필요한 비용

3) 근로자 재해예방 외의 목적이 있는 시설·장비나 물건 등을 사
용하기 위해 소요되는 비용

4) 환경관리, 민원 또는 수방대비 등 다른 목적이 포함된 경우

※ 사용불가내역에 해당하여도 사용할 수 있는 경우

- 고시 제1항제2호 나목:「건설기술진흥법」 제62조의 3에 따른 스마트 안전장비 구입·임대 비용의 5분의 1에 해당하는 비용. 다만, 제4조에 따라 계상된 안전보건관리비 총액의 10분의 1을 초과할 수 없음

- 고시 제1항제2호 다목: 용접 작업 등 화재 위험작업 시 사용하는 소화기의 구입·임대 비용

- 고시 제1항제6호 나목: 중대재해 목격으로 발생한 정신질환을 치료하기 위해 소요되는 비용

- 고시 제1항제6호 다목:「감염병의 예방 및 관리에 관한 법률」 제2조제1호에 따른 감염병의 확산 방지를 위한 마스크, 손소독제, 체온계 구입비용 및 감염병병원체 검사를 위해 소요되는 비용

- 고시 제1항제6호 라목: 법 제128조의2 등에 따른 휴게시설을 갖춘 경우 온도, 조명설치·관리기준을 준수하기 위해 소요되는 비용

- 고시 제1항제9호: 법 제36조에 따른 위험성평가 또는 「중대재해 처벌 등에 관한 법률 시행령」 제4조제3호에 따라 유해·위험요인 개선을 위해 필요하다고 판단하여 법 제24조의 산업안전보건위원회 또는 법 제75조의 노사협의체에서 사용하기로 결정한 사항을 이행하기 위한 비용. 다만, 제4조에 따라 계상된 안전보건관리비 총액의 10분의 1을 초과할 수 없음

8-3. 사용불가 품목 및 주요 사례[08]

구 분	사용불가 품목 및 주요 사례
인건비	• 공사 도급내역서에 유도자 또는 신호자 인건비가 반영된 경우 • 유도자 또는 신호수가 유도 · 신호업무만을 전담하지 않은 경우 • 유도자 또는 신호수가 사업장 주변 교통정리, 민원 및 환경 관리 등의 업무를 병행하는 경우 • 보조원이 안전 · 보건관리업무 외의 업무를 겸임하는 경우 • 산재예방과 무관한 업무에 종사하는 경비원, 청소원, 폐자재 처리원 및 사무보조원 임금

시설비	• 외부인 등을 대상으로 하는 안내시설물 · 표지
	  ※ 외부인 출입금지 표지, 공사장 경계표시를 위한 가설울타리 등
	• 공사수행에 필요한 비계, 작업발판, 가설계단 · 통로, 사다리 등
	  ※ 안전발판, 안전통로, 안전계단 등 명칭에 관계없이 공사 수행에 필요한 가시설물은 사용불가
	  ※ 단, 비계 · 통로 · 계단에 추가 설치하는 추락방지용 안전난간, 사다리 전도방지장치, 틀비계에 별도로 설치하는 안전난간 · 사다리, 통로의 낙하물 방호선반 등은 사용가능
	• 절토부 및 성토부 등의 토사유실 방지를 위한 설비
	• 작업장 간 상호 연락, 작업상황 파악 등 목적의 통신시설 · 설비
	  ※ 스마트 안전시설 · 장비에 해당할 경우 예외적으로 인정
	• 건설장비의 운행 감시, 공사 진척상황 확인 등 목적의 CCTV 등 감시용 장비
	• 소음 · 환경 등 민원예방, 교통통제 등 목적의 표지 · 시설물
	  ※ 공사안내 · 경고 표지판, 차량유도등 · 점멸등, 라바콘, 현장경계펜스, PE드럼 등
	• 동일 시공업체 소속의 타 현장에서 사용한 안전시설물을 전용하여 사용할 때의 자재비(다만, 운반비는 사용가능)
	• 기성제품에 부착된 안전장치(기성제품에 부착된 안전장치 고장 시 수리 · 교체비용은 사용가능)
	  ※ 톱날과 일체식으로 제작된 목재가공용 둥근톱의 톱날접촉예방장치, 플러그와 접지 시설이 일체식으로 제작된 접지형플러그 등
	• 공사수행용 시설과 일체형인 안전시설 설치비

---

08 위 고용노동부 해설서에서 제시하고 있는 내용임.

구 분	사용불가 품목 및 주요 사례
보호구	• 카메라, 컴퓨터, 프린터 등 사무용 기기 • 근로자 보호목적 외 작업복, 면장갑, 코팅장갑 등 피복 · 장구류 　※ 미세먼지 마스크, 쿨토시, 아이스조끼, 핫팩, 발열조끼는 사용가능 • 감리원 또는 외부방문 인사 등에게 지급하는 보호구
안전진단비	• 「건설기술진흥법」, 「건설기계관리법」 등에 따른 가설구조물 등 구조 검토, 안전점검 및 검사, 차량계 건설기계의 신규등록 · 정기 · 구조변 경 · 수시 · 확인검사 등 • 「전기사업법」에 따른 전기안전대행 • 「환경법」에 따른 외부 환경 소음 및 분진 측정 • 기타 산안법 외 타 법령에 따른 진단에 소요되는 비용 • 자전거, 전동킥보드, 오토바이, 자동차 등 안전순찰차량 임대 · 구입비 용 　※ 단, 전담 안전 · 보건관리자가 선임 · 신고된 사업장 내 안전순찰차량의 　유류비 · 수리비 · 보험료는 사용가능
교육비 · 행사비	• 해당 현장이 아닌 장소에 설치하는 교육장의 설치 · 해체 · 운영비 　※ 다만 교육장소 부족, 교육환경 열악 등의 부득이한 사유로 해당 현장 내 　교육장 설치가 곤란하여 현장 인근지역에 교육장을 설치하는 데 소요되 　는 비용은 사용가능 • 교육장의 대지 구입비, 컨테이너 구입비 등 자산취득 비용 • 교육장 운영과 관련 없는 전화기, 냉장고 등 비품 구입비 • 안전관리 활동 기여도와 관계없이 일률적으로 지급하는 포상품 • 안전관리자 협의체 등에서 적립을 위해 사용하는 회비 • 안전보건 등 산업재해 예방에 관한 전문적, 기술적 정보제공이 주목 적이 아닌 정기간행물 등 구독비용 • 현장의 안전관리 활동을 홍보하기 위한 광고비용 • 준공식 등 무재해 기원과 관계없는 행사 • 산업안전보건의식 고취 목적이 없는 단순 회식경비 • 산재예방 목적으로 볼 수 없는 단순 교양 · 오락성 교육비용

구 분	사용불가 품목 및 주요 사례
건강진단비	• 복리후생 등 목적으로 휴식 시간에 사용하는 휴게시설, 탈의실, 이동식 화장실, 세면 · 샤워시설 설치비용 　※ 분진 · 유해물질사용 · 석면해체제거 작업장에 설치하는 탈의실, 세면 · 샤워시설 설치비용은 사용가능 • 복리후생 목적의 급수시설, 정수기, 자외선 차단용품 등 • 혹서 · 혹한기 건강 증진을 위한 보양식 · 보약 등 구입비용 　※ 작업 중 혹한 · 혹서 등을 피하기 위한 간이 휴게시설 설치 · 해체 · 유지비용, 탈수방지 목적의 소금정제비, 제빙기 임대비용(6~10월에 한함)은 사용가능 • 체력단련 시설 및 운동 기구 등 구입 · 임대비 • 작업장이 아닌 기숙사, 현장사무실 등의 방역 · 소독 · 방충비용 • 병 · 의원 등 진료비, 암 검사비, 국민건강보험 납입비용 등 • 파상풍, 독감 등 감염병 예방을 위한 접종 또는 의약품 등 구입비용 • 다른 법에 따라 의무적으로 실시해야 하는 건강검진 비용

9. 안전보건관리비의 사용내역 확인

　고시 제9조는 발주자 등은 안전보건관리비의 목적 외 사용 등을 방지하고 효율적인 사용을 유도하기 위하여 사용내역 등을 수시로 확인할 수 있도록 정하고 있다.

【고시 제9조(확인)】

① 도급인은 안전보건관리비 사용내역에 대하여 공사 시작 후 6개월마다 1회 이상 발주자 또는 감리자의 확인을 받아야 한다. 다만, 6개월 이내에 공사가 종료되는 경우에는 종료 시 확인을 받아야 한다.

② 제1항에도 불구하고 발주자, 감리자 및 「근로기준법」 제101조에
　 따른 관계근로감독관은 안전보건관리비 사용내역을 수시 확인
　 할 수 있으며, 도급인 또는 자기공사자는 이에 따라야 한다.

③ 발주자 또는 감리자는 제1항 및 제2항에 따른 안전보건관리비
　 사용내역 확인 시 기술지도 계약 체결, 기술지도 실시 및 개선
　 여부 등을 확인하여야 한다.

10. 안전보건관리비의 정산 [09]

1) 증빙 방법

가) 건설공사도급인은 건설공사의 금액이 4천만 원 이상일 때에
　 는 매월 안전관리비 사용명세서를 작성하고 건설공사 종료
　 후 1년 동안 보존해야 한다. 사용증빙은 당해 안전보건 관리
　 비를 적법하게 사용한 사실을 입증할 수 있는 서류를 구비하
　 면 되고, 사용내역서는 항목별 사용일자가 빠른 순서로 작성
　 하여야 한다.

---

[09]　위 고용노동부 해설서의 내용을 거의 원문대로 옮겨온 것으로 관련 규정의 내용과 규정
　　　에 대한 고용노동부의 해석 입장이 반영된 것으로 보아야 함.

【산업안전보건법 시행규칙 제89조제2항】

② 건설공사도급인은 법 제72조제3항에 따라 산업안전보건관리비
　를 사용하는 해당 건설공사의 금액이 4천만 원 이상인 때에는
　고용노동부장관이 정하는 바에 따라 매월 사용명세서를 작성하
　고, 건설공사 종료 후 1년 동안 보존해야 한다.

　※ 사용항목에 따라 근로계약서, 임금대장, 세금계산서, 거래명
　　세표, 품의서, 송장 등 입증이 가능한 자료를 구비·첨부하
　　면 됨

나) 본사 근로자 임금 등의 경우 공사현장에서 본사 인건비 사용
　내역을 작성·입증할 필요는 없고, 임금 등을 사용한 본사에
　서 사용내역서를 작성·구비하고 임금 등 지출 근거를 첨부·
　보존하면 된다.
　※ 본사 시공순위, 본사 안전보건조직 구성 체계 및 누적사용
　　액이 안전보건관리비 총액의 20분의 1 이하임 등을 증명

2) 정산 방법

가) 안전보건관리비 계상·사용 및 정산은 계약단위 공사별로 이
　루어져야 한다.
　※ 동일한 발주자로부터 ○○공사와 △△공사를 도급받아 동

일한 부지 내에서 동일한 공사 조직체계 및 관리하에서 공사를 수행하거나, 또는 서로 다른 발주자로부터 ○○공사와 △△공사를 도급받아 서로 인접한 장소에서 동일한 공사조직체계 및 관리하에서 시공한다 하더라도 산업안전보건관리비는 계약에 의해 이루어지는 공사별로 계상·사용 및 정산이 이루어져야 함.

나) 장기계속공사의 경우 안전보건관리비는 차수별 금액이 아닌 총공사금액을 대상으로 계상하고 정산에 있어서도 해당 차수가 아닌 총공사기간에 대하여 정산하여야 한다.

다) 소급 정산 가능 여부: 안전보건관리비를 적법하게 지출한 것이라면 사용시점 이후라도 실제 사용한 금액에 대해 소급하여 정산이 가능하다.

라) 계상금액을 초과 사용한 경우: 당해 공사에 계상된 안전보건관리비를 초과하여 사용한 금액에 대해서는 발주자와 수급인 간에 협의·처리하여야 한다.

마) 부가가치세 포함 여부
안전보건관리비는 원가계산에 의한 예정가격 작성기준(기재부 계약예규) 상 경비항목의 세비목으로 부가가치세가 포함되지 않은 상태의 금액으로 계상되었으므로 정산도 부가가치세를 제외한 금액으로 하여야 한다.

대상액이 구분되지 않은 공사에 있어 부가가치세가 포함된 총공사금액의 70%를 대상액으로 하여 안전보건관리비를 계상하였을 경우 혼란스러울 수 있는데, 이 경우에도 정산은 부가가치세를 제외한 금액으로 하여야 한다. 왜냐하면 재료비와 직접노무비가 구분되지 않은 경우 대상액이 통상적으로 부가가치세가 포함된 총공사금액의 70% 정도에 해당하여 이를 대상액으로 본 것일 뿐이기 때문이다. 즉 대상액에 부가가치세가 포함되어 있지만 이 대상액를 근거로 산정된 안전보건관리비에는 부가가치세가 포함되어 있지 않다고 보는 것이다. 이는 부가가치세가 포함된 재료비와 직접노무비를 대상액으로 보고 산정한 경우에도 안전보건관리비 자체에는 부가가치세가 포함되어 있지 않아 정산도 부가가치세를 제외하고 하는 것과 같은 이치이다.

11. 목적 외 사용금액에 대한 감액 등

1) 감액 조정 등

고시 제8조에 따라 발주자는 수급인이 안전보건관리비를 다른 목적으로 사용하거나 사용하지 아니한 금액에 대해서는 이를 계약금액에서 감액 조정하거나 반환을 요구할 수 있다. 안전보건관리비를 공사 수행기간 내에 적법하게 사용하였음에도 남은 금액에 대하여는 따로 정한 바가 없고 당사자 간 협의하여 처리하여야 한다.

【고시 제8조(사용금액의 감액·반환 등)**】**

발주자는 도급인이 법 제72조제2항에 위반하여 다른 목적으로 사용하거나 사용하지 않은 안전보건관리비에 대하여 이를 계약금액에서 감액조정하거나 반환을 요구할 수 있다.

---

2) 초과 계상 시

안전보건관리비는 법정 최소 요율로 정한 것이므로 초과 계상된 안전보건관리비의 감액 등에 대해서는 공사계약 관계 법령에서 정하는 바에 따라 처리하여야 한다.

12. 위반 시의 조치

1) 안전보건관리비 미계상 또는 부족 계상의 경우

가) 전액을 계상하지 않은 경우: 계상하지 않은 금액에 해당하는 과태료 부과(1,000만 원 초과 시 1,000만 원)

나) 50% 이상 100% 미만을 계상하지 않은 경우

1) 1차 위반: 100만 원 과태료 부과

2) 2차 위반: 300만 원 과태료 부과

3) 3차 위반: 600만 원 과태료 부과

다) 50% 미만을 계상하지 않은 경우

1) 1차 위반: 100만 원 과태료 부과

2) 2차 위반: 200만 원 과태료 부과

3) 3차 위반: 300만 원 과태료 부과

2) 안전보건관리비를 다른 목적으로 사용하는 경우

가) 과태료 부과기준

1) 목적 외 사용금액이 1천만 원 이상인 경우: 1,000만 원의 과태료 부과

2) 목적 외 사용금액이 1천만 원 미만인 경우: 목적 외 사용금액의 과태료 부과

나) 공동도급 시의 부과대상

분담이행방식의 경우 분담시공회사(현장)의 위반행위에 대하여 각각 부과하고 공동이행 방식의 경우는 공동사업주로서 주관사 및 비주관사(지분만 참여) 모두가 부과 대상이다.

※ 법적 안전보건관리비를 상회하는 금액을 자체 실행예산으로 편성·집행하였을 경우 목적 외 사용금액이 있다 하더라도 목적 외 사용금액을 공제한 금액(적합하게 사용된 금액)이 법적 안전

보건관리비를 초과한다면 목적 외 사용으로 인한 과태료부과 등 벌칙을 적용할 수 없고, 공제한 금액이 법적 안전보건관리비보다 부족하다면 부족한 금액분에 대해서만 목적 외 사용금액으로 보아 과태료 부과 등 벌칙을 적용하여야 할 것임(산안(건안) 68307-551, '97.8.4)

3) 안전보건관리비 사용내역서 미작성 또는 미보존의 경우

가) 사용내역서를 작성하지 않은 경우

   1) 1차 위반: 100만 원 과태료 부과

   2) 2차 위반: 500만 원 과태료 부과

   3) 3차 위반: 1,000만 원 과태료 부과

나) 공사종료 후 1년간 사용내역서를 보존하지 않은 경우

   1) 1차 위반: 100만 원 과태료 부과

   2) 2차 위반: 200만 원 과태료 부과

   3) 3차 위반: 300만 원 과태료

13. 공공공사 입찰 시 불이익

'국가를 당사자로 하는 계약에 관한 법률'에 의거 안전보건관리비 사용 등의 위반으로 과태료 처분을 받은 경우 입찰자격사전심사(PQ)

에서 1점까지 감점을 받게 된다.

이를 근거로 실제 조달업무를 담당하는 조달청의 입찰자격사전심
사기준 별표 3 신인도평가에서 위 계약예규와 같은 내용의 위반으로
과태료 처분이 1회 있는 자는 0.5점, 2회 있는 자는 1점을 감점하도
록 정하고 있다.

제 2 부

궁금해요
101

개요

안전보건관리비의 계상과 사용은 공사현장에서 필요로 하는 인력, 시설 및 장비와 금전이 관계되는 사항으로써 현장에서 벌어지는 다양하고 복잡한 상황에 대응해야 하는 태생적인 복잡성을 지니고 있다. 관련하여 법령과 고시에서 상세히 규정하고 있으나 이러한 복잡한 상황을 다 감당하기에는 역부족이다.

안전보건관리비를 잘못 계상하거나 목적 외로 사용하는 경우 등에 제재가 가해진다. 발주자가 안전보건관리비를 계상하지 않거나 적게 반영하는 경우에는 1,000만 원 이하의 과태료를 물게 된다. 아울러 공사 도급인이 안전보건관리비를 목적 외로 사용했을 때, 혹은 사용내역서를 작성하지 않거나 보존하지 않은 경우에도 동일한 제재를 받게 되고, 공공공사의 입찰시 입찰자격사전심사에서 감점을 당하는 불이익을 받게 된다.

현장에서 안전보건관리비 사용과 관련한 의문이 들 때 고용노동부에 질의를 통해서 해결할 수 있으나 수많은 경우에 매번 질의를 한다는 것이 번거롭기도 하거니와 회시에 소요되는 기간을 감안하면

시의적절하게 답을 얻기가 쉽지 않다.

　현장의 궁금증 해결에 도움을 주기 위해서 대표적인 질문꼭지 101개를 엄선하여 행정해석, 관련 규정과 함께 상세한 해설을 했다. 다양한 사례에 대한 해석을 통하여 현장에서 벌어지는 유사한 상황에 대처가 가능할 뿐 아니라 그 근본 원리를 깨우치도록 하였다. 새로운 상황이 발생해도 응용하여 적용할 수 있는 능력을 갖출 수 있을 것으로 기대한다.

해설의 기본 원칙

┉ 관련 규정은 특별히 회시 당시의 규정이 필요한 경우가 아니면 현행 규정을 인용하였고, 별도의 표시가 없으면 고시는 현행 고시(고용노동부 고시 제2022-43호)를 지칭한다.

┉ 질의와 회시의 내용은 불가피한 경우가 아니면 원문 그대로 인용하였다.

┉ 해당 질의에 대한 단편적인 답변보다는 안전보건관리비 사용에 대한 근본적인 원칙을 밝혀서 현장에서 다른 사안이 발생할 경우에도 자율적으로 판단할 수 있는 역량을 높이고자 노력하였다.

⋯ 고용노동부의 회시 방향에 충실하게 따르는 것을 원칙으로 하되, 경우에 따라서는 필자의 안전보건관리비에 대한 정책 수립과 회시 경험에 기반한 판단과 생각을 추가하였다.

안전보건관리비 사용의 근본 원칙

⋯ **주목적이 근로자의 안전보건 보호인가**

안전보건관리비는 공사현장에서 일하는 근로자의 사고와 질병을 예방하기 위해서 별도의 비목으로 계상된 금원이다. 따라서, 근로자의 안전보건 관리를 위한 비용으로만 사용하여야 하고, 시공이나 근로자의 복지를 위한 비용은 안전보건관리비로 사용할 수 없다. 예를 들어 작업발판은 그 주목적이 시공을 위한 것이고, 휴게시설은 그 주목적이 근로자의 복지를 위한 것이므로 안전보건관리비로 사용할 수 없다.

작업이 주목적인지 안전이 주목적인지가 판별이 쉽지 않은 경우가 있다. 이럴 때는 해당 시설이 없어도 작업을 수행할 수 있는지를 따져보면 구분이 용이해진다. 예를 들어 작업발판 없이는 작업이 힘들지만 안전난간이 없어도 작업하는 데는 지장이 없다.

⋯ **공사비의 다른 항목으로 반영되어 있으면 사용 불허**

안전보건관리비는 근로자의 안전보건 관리에 필요한 비용의 최소한을 정한 것으로서 공사비의 다른 항목으로 사용할 수 있으면 그 부분에 대해서는 사용을 제한하고 있다. 예를 들어 안전난간은 원칙적으로 안전보건관리비로 사용할 수 있지만 공사비에 안전난간 설치비용이 계상되어 있다면 안전보건관리비를 사용해서는 안 되고 공사비로 사용하여야 한다.

···▶ **다른 법령이 정하는 의무이행에 필요한 경우 사용 불허**

넓은 의미에서 안전보건 관리의 범주에 들어오는 사항이라 할지라도 타 법령의 의무를 이행하기 위한 경우에는 안전보건관리비로 사용할 수 없고 다른 비목으로 확보하여 사용하여야 한다. 예를 들어 건설기술진흥법상의 안전관리계획서 작성 비용, 안전점검 비용, 안전관리담당자의 인건비 등은 안전보건관리비로 사용할 수 없다.

···▶ **사회통념상 허용하는 범위인가**

안전기원제 등 산업재해 예방을 기원하는 행사를 개최하는 비용, 유해·위험요인을 제보하거나 개선방안을 제안한 근로자를 격려하기 위해 지급하는 비용 등을 안전보건관리비로 사용할 수 있다. 하지만 과도한 기념품, 전 근로자를 대상으로 지급하는 포상금 등은 사회통념상 인정될 수 없다고 판단한다.

···▶ **안전보건관리비의 균형 있는 사용을 위한 제한**

한정된 안전보건관리비를 어느 한 곳에 치중하여 사용하는 비효율을 방지하기 위하여 일정비율 이상의 사용을 제한하는 경우가 있다. 스마트 안전시설·장비는 안전보건관리비 총액의 10분의 1, 본사 사용은 시공능력 순위 200위 이내 업체는 사용 제외하고 200위 이외 업체의 경우에도 총액의 20분의 1 이내에서 사용이 허용된다.

⋯▶ 형식보다 실제가 중요

안전보건관리비의 사용에 있어서 형식보다는 실제가 중요하다. 당초 계약한 공사기간에 변화가 생긴 경우 실제 공사를 시행한 기간으로 따져야 하고, 공사착공계 제출 전에 사용한 안전관리비도 실제 사용했다면 정산이 가능하다.

⋯▶ 공사용 시설·장비에 추가로 설치하는 안전장치도 사용가능

작업을 수행하기 위해서 설치한 시설이나 장비에 안전을 위해서 추가로 설치하는 안전장치에 대해서는 그 부분에 한해서 안전보건관리비로 사용이 가능하다. 작업발판은 작업을 위한 것이어서 안전보건관리비로 사용이 허용되지 않지만 이에 추가하여 설치하는 안전난간은 허용된다.

⋯▶ 법령이 정하는 기준을 초과하는 안전보건관리에 소요되는 비용도 사용가능

법령이 정하는 안전보건관리 기준은 최소한을 정한 것으로서 그 이상의 조치를 하는 것은 무방하고 그에 소요되는 비용은 안전보건관리비로 지출이 가능하다. 안전관리자를 법에서 정한 수보다 더 선임한 경우에 그 인건비를 안전보건관리비에서 사용이 가능하다.

···▶ **안전보건 관리나 시설설치 행위를 누가 하느냐에 상관없이 본래 사용목적에 맞으면 사용가능**

안전보건관리비의 사용은 고시에서 정한 사용기준에 적합한지를 따져 허용여부를 판단한다. 원도급자가 직접 사용하든 하도급자에게 지급하여 사용하든 또는 해당 시설의 설치를 외주를 주는지에 상관없이 사용목적에 부합하면 사용할 수 있다.

···▶ **원칙적으로 해당 공사현장의 근로자의 안전보건 보호 목적이어야 하고 외부 방문객 등에 대한 사용은 불가**

안전보건관리비는 해당 현장의 근로자 보호목적으로 사용하여야 한다. 같은 현장에서 근무하는 감리자나 외부 방문객 등을 위한 사용은 허용되지 않는다.

···▶ **행정해석으로 사용여부를 판단하는 경우가 많다**

그간에 안전관리에 대한 인식, 기술 등의 변화에 따라 사용기준을 여러 차례 변경하였으나 현장에서 발생하는 상황을 다 반영하기에는 무리이다. 사용내역에 명시되어 있지 않더라도 많은 경우 근로자의 안전관리를 위해서 필요하다고 판단되면 행정해석을 통해 사용을 허용하고 있다.

I

2022년 고시
전면개정 관련

Q1. 기존 사용가능했던 품목 중 2022.06.02. 고시 개정으로 사용할 수 없게 된 품목 존재 여부

질의

기존 사용가능했던 품목 중 이번 고시개정으로 사용할 수 없게 된 품목이 있나요?

회시

기존 사용가능했던 품목 중 이번 고시개정으로 사용이 제한되는 품목은 없습니다. 다만, 기존 본사 사용비 중 본사에서 사용가능한 항목을 인건비 등에 한정하고, 중대재해처벌법 시행을 고려하여 시공능력 평가순위 1~200위 종합건설업체는 본사 사용비를 사용할 수 없도록 하였습니다. 기타 사용불가 품목 등에 대해서는 다음 예시를 참조하시기 바랍니다.

<사용불가 품목 및 주요 사례(예시)>

구 분	사용불가 품목 및 주요 사례
인건비	• 공사 도급내역서에 유도자 또는 신호자 인건비가 반영된 경우 • 유도자 또는 신호수가 유도 · 신호업무만을 전담하지 않은 경우 • 유도자 또는 신호수가 사업장 주변 교통정리, 민원 및 환경 관리 등의 업무를 병행하는 경우 • 보조원이 안전 · 보건관리업무 외의 업무를 겸임하는 경우 • 산재예방과 무관한 업무에 종사하는 경비원, 청소원, 폐자재 처리원 및 사무보조원 임금
시설비	• 외부인 등을 대상으로 하는 안내시설물 · 표지 　※ 외부인 출입금지 표지, 공사장 경계표시를 위한 가설울타리 등 • 공사수행에 필요한 비계, 작업발판, 가설계단 · 통로, 사다리 등 　※ 안전발판, 안전통로, 안전계단 등 명칭에 관계없이 공사 수행에 필요한 가시설물은 사용불가 　※ 단, 비계 · 통로 · 계단에 추가 설치하는 추락방지용 안전난간, 사다리 전도방지장치, 틀비계에 별도로 설치하는 안전난간 · 사다리, 통로의 낙하물 방호선반 등은 사용가능 • 절토부 및 성토부 등의 토사유실 방지를 위한 설비 • 작업장 간 상호 연락, 작업상황 파악 등 목적의 통신시설 · 설비 　※ 스마트 안전시설 · 장비에 해당할 경우 예외적으로 인정 • 건설장비의 운행 감시, 공사 진척상황 확인 등 목적의 CCTV 등 감시용 장비 • 소음 · 환경 등 민원예방, 교통통제 등 목적의 표지 · 시설물 　※ 공사안내 · 경고 표지판, 차량유도등 · 점멸등, 라바콘, 현장경계펜스, PE 드럼 등 • 동일 시공업체 소속의 타 현장에서 사용한 안전시설물을 전용하여 사용할 때의 자재비(다만, 운반비는 사용가능) • 기성제품에 부착된 안전장치(기성제품에 부착된 안전장치 고장 시 수리 · 교체비용은 사용가능) 　※ 톱날과 일체식으로 제작된 목재가공용 둥근톱의 톱날접촉예방장치, 플러그와 접지 시설이 일체식으로 제작된 접지형플러그 등 • 공사수행용 시설과 일체형인 안전시설 설치비
보호구	• 카메라, 컴퓨터, 프린터 등 사무용 기기 • 근로자 보호목적 외 작업복, 면장갑, 코팅장갑 등 피복 · 장구류 　※ 미세먼지 마스크, 쿨토시, 아이스조끼, 핫팩, 발열조끼는 사용가능 • 감리원 또는 외부방문 인사 등에게 지급하는 보호구

구 분	사용불가 품목 및 주요 사례
안전진단비	<ul><li>「건설기술진흥법」,「건설기계관리법」 등에 따른 가설구조물 등 구조 검토, 안전점검 및 검사, 차량계 건설기계의 신규등록 · 정기 · 구조변경 · 수시 · 확인검사 등</li><li>「전기사업법」에 따른 전기안전대행</li><li>「환경법」에 따른 외부 환경 소음 및 분진 측정</li><li>기타 산안법 외 타 법령에 따른 진단에 소요되는 비용</li><li>자전거, 전동킥보드, 오토바이, 자동차 등 안전순찰차량 임대 · 구입비용</li></ul>※ 단, 전담 안전 · 보건관리자가 선임 · 신고된 사업장 내 안전순찰차량의 유류비 · 수리비 · 보험료는 사용가능
교육비 · 행사비	<ul><li>해당 현장이 아닌 장소에 설치하는 교육장의 설치 · 해체 · 운영비</li><li>※ 다만 교육장소 부족, 교육환경 열악 등의 부득이한 사유로 해당 현장 내 교육장 설치가 곤란하여 현장 인근지역에 교육장을 설치하는 데 소요되는 비용은 사용가능</li><li>교육장의 대지 구입비, 컨테이너 구입비 등 자산취득 비용</li><li>교육장 운영과 관련 없는 전화기, 냉장고 등 비품 구입비</li><li>안전관리 활동 기여도와 관계없이 일률적으로 지급하는 포상품</li><li>안전관리자 협의체 등에서 적립을 위해 사용하는 회비</li><li>안전보건 등 산업재해 예방에 관한 전문적, 기술적 정보제공이 주목적이 아닌 정기간행물 등 구독비용</li><li>현장의 안전관리 활동을 홍보하기 위한 광고비용</li><li>준공식 등 무재해 기원과 관계없는 행사</li><li>산업안전보건의식 고취 목적이 없는 단순 회식경비</li><li>산재예방 목적으로 볼 수 없는 단순 교양 · 오락성 교육비용</li></ul>
건강진단비	<ul><li>복리후생 등 목적으로 휴식 시간에 사용하는 휴게시설, 탈의실, 이동식 화장실, 세면 · 샤워시설 설치비용</li><li>※ 분진 · 유해물질사용 · 석면해체제거 작업장에 설치하는 탈의실, 세면 · 샤워시설 설치비용은 사용가능</li><li>복리후생 목적의 급수시설, 정수기, 자외선 차단용품 등</li><li>혹서 · 혹한기 건강 증진을 위한 보양식 · 보약 등 구입비용</li><li>※ 작업 중 혹한 · 혹서 등을 피하기 위한 간이 휴게시설 설치 · 해체 · 유지비용, 탈수방지 목적의 소금정제비, 제빙기 임대비용(6~10월에 한함)은 사용가능</li><li>체력단련 시설 및 운동 기구 등 구입 · 임대비</li><li>작업장이 아닌 기숙사, 현장사무실 등의 방역 · 소독 · 방충비용</li><li>병 · 의원 등 진료비, 암 검사비, 국민건강보험 납입비용 등</li><li>파상풍, 독감 등 감염병 예방을 위한 접종 또는 의약품 등 구입비용</li><li>다른 법에 따라 의무적으로 실시해야 하는 건강검진 비용</li></ul>

해설

2022년 전면 개정한 고용노동부 고시 제2022-43호의 주요 개정내용은 안전보건관리비의 사용가능내역을 확대하고 항목별 사용불가내역을 폐지한 것이다.

사용내역을 확대한 항목은,
- 겸직 안전관리자 인건비 50%까지 사용 허용
- 위험성평가 등을 통해 발굴한 품목의 사용 허용(계상된 안전보건관리비의 10% 이내)
- 스마트 안전장비 구매비용의 20%까지 사용 허용(계상된 안전보건관리비의 10% 이내)
- 타 법령상 의무교육 등 모든 산업안전보건 교육비 사용 허용
- 감염병 예방을 위한 마스크, 손소독제, 진단비 등 사용 허용 등이다.

별표 2 항목별 사용불가내역을 삭제하였으나 회시에서 예시한 내용과 같이 규정의 방법이 바뀐 것으로 기존의 불가항목은 그대로 유지된다고 보아야 한다.

또 안전보건관리비의 본사 사용에 대해서, 5억 원의 사용 한도를 폐지하는 대신에 200위 이내의 종합건설업체는 사용할 수 없도록 하였고 인건비 등으로 사용항목을 제한하였다.

Q2. 2022.06.02. 고시개정으로 사용이 허용된 스마트안전시설·장비의 구체적 기준

질의

스마트안전시설·장비의 구체적 기준이 있나요?

회시

스마트안전시설·장비는 건설사고를 예방하기 위하여 무선안전장비와 융·복합건설기술을 활용한 스마트 안전장비 및 안전관리시스템을 의미합니다. 따라서, 산업안전보건법령 등에서 정의한 안전시설·장비 등과 무선안전장비 및 융·복합건설기술 등이 결합한 형태로 폭넓게 정의할 수 있을 것입니다.

관련 규정

【별표 1】(개정, 2018.10.05.) **공사종류 및 규모별 안전관리비 계상기준표**

공사종류 \ 구분	대상액 5억 원 미만인 경우 적용비율 (%)	대상액 5억 원 이상 50억 원 미만인 경우		대상액 50억 원 이상인 경우 적용비율 (%)	영 별표5에 따른 보건관리자 선임 대상 건설공사의 적용비율 (%)
		적용비율 (%)	기초액		
일반건설공사 (갑)	2.93%	1.86%	5,349,000원	1.97%	2.15%
일반건설공사 (을)	3.09%	1.99%	5,499,000원	2.10%	2.29%
중건설공사	3.43%	2.35%	5,400,000원	2.44%	2.66%
철도 · 궤도 신설공사	2.45%	1.57%	4,411,000원	1.66%	1.81%
특수 및 기타 건설공사	1.85%	1.20%	3,250,000원	1.27%	1.38%

(단위: 원)

고시 제2022-43호 제7조(사용기준)

① 도급인과 자기공사자는 안전보건관리비를 산업재해예방 목적으로 다음 각 호의 기준에 따라 사용하여야 한다.

2. 안전시설비 등

나. 「건설기술진흥법」 제62조의3에 따른 스마트 안전장비 구입·임대 비용의 5분의 1에 해당하는 비용. 다만, 제4조에 따라 계상된 안전보건관리비 총액의 10분의 1을 초과할 수 없다.

건설기술진흥법 시행령 제101조의7(스마트 안전관리 보조·지원 대상) 법 제62조의3제1항에서 "무선안전장비와 융·복합건설기술을 활용한 스마트 안전장비 및 안전관리시스템의 구축·운영에 필요한 비용 등 대통령령으로 정하는 비용"이란 다음 각 호의 비용을 말한다.

1. 공사작업자의 실시간 위치 확인과 긴급구호 등이 가능한 스마트 안전보호 장구를 포함한 무선안전장비 및 통신 설비의 구입·사용·유지·대여 비용
2. 건설기계·장비의 접근 위험 경보장치 및 자동화재 감지센서 등 스마트 안전장비의 구입·대여를 위한 비용
3. 가설구조물, 지하구조물 및 지반 등의 붕괴 방지를 위한 스마트 계측 또는 지능형 폐쇄회로텔레비전(CCTV) 등을 포함하여 실시간 모니터링이 가능한 안전관리시스템의 구축·사용·유지·대여 비용
4. 그 밖에 국토교통부장관이 건설사고 예방을 위하여 스마트 안전관리 보조·지원이 필요하다고 인정하는 사항에 관한 비용

해설

2022년 개정 고시에서 건설기술진흥법에 따른 스마트 안전장비 구입·임대 비용을 안전보건관리비로 사용할 수 있도록 하였다.

안전장비는 건설기술진흥법 시행령 제101조의7에서 정하는 것처럼 스마트 안전보호 장구 등 무선안전장비 및 통신 설비, 접근 경보장치,

자동화재 감지센서 등으로 보인다. 이때 산업안전보건관리비의 사용 목적이 근로자의 보호에 있는 만큼 안전장비의 사용목적이 시공중인 구조물의 보호가 아닌 작업자의 안전보건 보호에 있어야 함은 당연하다.

Q3. 사용불가내역을 정한 별표 2를 삭제하였으므로 기존 사용불가했던 항목이 사용가능하게 된 건지

질의

별표 2(사용불가내역)를 삭제하였으므로 기존 별표 2에서 사용불가했던 항목은 모두 사용가능한가요?

회시

기존 사용불가항목(별표 2)이 삭제되었다 하더라도 고시 제7조제1항에서 항목별 사용가능 기준을 정하고 있고, 제2항에서 사용불가 원칙을 정의하고 있으므로 이번 고시개정에서 사용가능하도록 확대된 일부 품목 외에는 기존 사용불가항목의 경우 대부분 안전보건관리비 사용이 어려울 것입니다. 기존 사용불가항목 등에 대해서는 함께 수록한 과거 질의회신문 등을 참고하시기 바랍니다.

해설

앞에서도 언급했듯이 안전보건관리비의 사용항목은 일부 조정 외에는 그간의 고시개정으로 큰 틀에서 변화가 없었고, 그 규정 방식을 구체적으로 열거하는 방식을 취하거나 포괄적으로 정하는 방식을 취하는 변화를 겪었다. 2022년 개정 시에도 고시 별표 2의 사용불가항목을 폐지하였으나 그 취지가 바뀌었다기보다는 사용불가항목을 열거하는 방식에서 제7조의 사용기준에서 사용불가의 원칙을 정하는 포괄적 규제 방식으로 바꾼 것이다.

따라서 기존 사용불가항목[10]은 거의 그대로 유지되고 있다고 보아야 한다.

---

10 질의 oo의 사용불가항목 예시 참조.

Q4. 공사금액이 800억 원 미만이었던 공사가 설계변경을 통해 800억 원 이상으로 되었을 때 재계상방법

질의

공사금액이 800억 원 미만이었던 현장이 설계변경을 통해 800억 원 이상으로 되었을 때 재계상방법은?

회시

최초 예정가격이 800억 원 미만이었으나, 설계변경 등으로 공사금액이 800억 이상으로 증액된 경우에는 별표 1의 3이 아닌 공사금액 800억 이상의 요율을 증액된 대상액에 바로 적용하여 재계상하시면 됩니다.

관련 규정

【별표 1】(개정, 2018.10.05.) **공사종류 및 규모별 안전관리비 계상기준표**

공사종류 \ 구분	대상액 5억 원 미만인 경우 적용비율 (%)	대상액 5억 원 이상 50억 원 미만인 경우		대상액 50억 원 이상인 경우 적용비율 (%)	영 별표5에 따른 보건관리자 선임 대상 건설공사의 적용비율 (%)
		적용비율 (%)	기초액		
일반건설공사 (갑)	2.93%	1.86%	5,349,000원	1.97%	2.15%
일반건설공사 (을)	3.09%	1.99%	5,499,000원	2.10%	2.29%
중건설공사	3.43%	2.35%	5,400,000원	2.44%	2.66%
철도 · 궤도 신설공사	2.45%	1.57%	4,411,000원	1.66%	1.81%
특수 및 기타 건설공사	1.85%	1.20%	3,250,000원	1.27%	1.38%

(단위: 원)

제4조(계상의무 및 기준)

⑤ 발주자 또는 자기공사자는 설계변경 등으로 대상액의 변동이 있
는 경우 별표 1의3에 따라 지체 없이 안전보건관리비를 조정 계
상하여야 한다. 다만, 설계변경으로 공사금액이 800억 원 이상
으로 증액된 경우에는 증액된 대상액을 기준으로 제1항에 따라
재계상한다.

【별표 1의 3】(신설, 2018.10.5.)설계변경 시 안전관리비 조정계상 방법

1. 설계변경에 따른 안전관리비는 다음 계산식에 따라 산정한다.
   - 설계변경에 따른 안전관리비 = 설계변경 전의 안전관리비 + 설계변경으로 인한 안전관리비 증감액
2. 제1호의 계산식에서 설계변경으로 인한 안전관리비 증감액은 다음 계산식에 따라 산정한다.
   - 설계변경으로 인한 안전관리비 증감액 = 설계변경 전의 안전관리비 × 대상액의 증감 비율
3. 제2호의 계산식에서 대상액의 증감 비율은 다음 계산식에 따라 산정한다. 이 경우, 대상액은 예정가격 작성시의 대상액이 아닌 설계변경 전·후의 도급계약서상의 대상액을 말한다.
   - 대상액의 증감 비율 = [(설계변경 후 대상액 − 설계변경 전 대상액) / 설계변경 전 대상액] × 100%

해설

설계변경으로 인해 변경된 공사금액이 800억 원을 넘는지 여부에 따라 안전보건관리비 조정계상 방법이 둘로 나뉜다. 변경 후 공사금액이 800억 원 미만이면 별표 1의 3에서 정한 방법으로, 800억 원 이상이면 일반적인 계상방법과 같이 대상액에 별표1에서 정한 요율을 적용하여 안전보건관리비를 재계상하면 된다.

이때 800억 원은 산업안전보건법 시행령 별표 5의 건설업에서의 보건관리자 선임대상을 참고한 금액이다. 영 별표 5는 건설업의 보건관리자 선임기준을 "공사금액 800억 원 이상(「건설산업기본법 시행령」 별표 1의 종합공사를 시공하는 업종의 건설업종란 제1호에 따른 토목공사업에 속하는 공사의 경우에는 1천억 이상) 또는 상시 근로자 600명 이상"으로 정하고 있다.

Q5. 위험성평가 및 노사협의 등을 통한 안전보건관리비 사용 절차

공사금액별 건설공사 현장에서 위험성평가 및 노사협의 등을 통한 안전보건관리비 사용절차는 어떻게 되나요?

회시

「산업안전보건법」 제36조 위험성평가 또는 「중대재해처벌법시행령」 제4조제3호 유해·위험요인 개선을 통해 발굴한 품목에 대해 「산업안전보건법」에 따른 산업안전보건위원회나 노사협의체에서의 결정으로 안전보건관리비를 사용할 수 있습니다. 한편, 산업안전보건위원회나 노사협의체 등 구성 의무가 없는 120억 원 미만 중소규모 현장의 경우에도 따로 산업안전보건위원회 또는 노사협의체 등을 구성하여 노사 간 협의·결정하는 경우에는 사용하려는 품목을 안전보건관리비로 사용할 수 있을 것입니다.

※ 사용 절차

산안법 제36조 "위험성평가" 또는	→	사용가능 품목발굴	→	① 산안법 제24조 산업안전 보건위원회에서 사용 결정
중처법시행령 제4조3호 "유해 · 위험요인 개선"				② 산안법 제75조 노사협의체에서 사용 결정

<참고: 근로자대표 정의 관련 법령>

「근로기준법」제24조(경영상 이유에 의한 해고의 제한)

①~② (생략) ③ 사용자는 제2항에 따른 해고를 피하기 위한 방법과 해고의 기준 등에 관하여 그 사업 또는 사업장에 근로자의 과반수로 조직된 노동조합이 있는 경우에는 그 노동조합(근로자의 과반수로 조직된 노동조합이 없는 경우에는 근로자의 과반수를 대표하는 자를 말한다. 이하 "근로자대표"라 한다)에 해고를 하려는 날의 50일 전까지 통보하고 성실하게 협의하여야 한다.

해설

이 부분은 2022년 고시개정 시 중대재해처벌법 시행으로 위험성평가가 강조되면서 노사가 위험요인을 찾아내어 조치할 경우 그 비용을 안전보건관리비로 사용할 수 있도록 확대한 부분이다. 안전보건관리비의 사용을 엄격하게 관리하려는 취지에서 산업안전보건위원회나 노사협의체의 협의·결정을 전제로 하고 있다.

그런데 산업안전보건위원회나 노사협의체의 구성 의무가 없는 120억 원 미만 공사현장에서 사용이 문제가 된다. 이러한 중소규모 현장에서 안전보건 조치 비용이 더 긴요하다는 점을 감안하면 산업안전보건위원회나 노사협의체에서 협의·결정해야 한다는 제한은 현실성이 떨어지는 면이 있다. 회시에서 참고로 제시한 근로기준법상의 노동조합 또는 근로자대표와 협의·결정하는 경우에도 사용할 수 있도록 그 범위를 명시적으로 확대하는 것이 바람직해 보인다.

Q6. 2022년 8월 18일 이후 발생하는 기술지도 비용의 산업안전보건관리비 사용여부

질의

2022년 8월 18일 이후 발생하는 건설재해예방전문지도기관의 지도비용을 안전보건관리비로 사용할 수 있나요?

회시

'22.08.17.까지 체결된 기술지도 계약 건에 대해서는 계약 종료 시까지 안전보건관리비 사용이 가능하나, 계약체결 의무 주체가 건설공사발주자 등으로 변경되는' 22.08.18. 이후 체결된 기술지도 계약 건에 대해서는 해당 비용을 산업안전보건관리비로 사용할 수 없도록 부칙에 반영하였습니다.

관련규정

고시 제2022-43호 제7조(사용기준)

① 도급인과 자기공사자는 안전보건관리비를 산업재해예방 목적으로 다음 각 호의 기준에 따라 사용하여야 한다.

    7. 법 제73조 및 제74조에 따른 건설재해예방전문지도기관의 지도에 대한 대가로 지급하는 비용(개정 전 고시 "7. 기술지도비: 재해예방전문지도기관에 지급하는 기술지도 비용"

제11조(기술지도 횟수 등)

〈삭제〉(개정 전 고시 "제11조(기술지도 횟수 등)

① 기술지도는 공사기간 중 월 2회 이상 실시하여야 한다.")

② 건설재해예방 기술지도비가 제5조에 따라 계상된 안전보건관리비 총액의 20퍼센트를 초과하는 경우에는 그 이내에서 기술지도 횟수를 조정할 수 있다.

같은 고시 부칙 제2조(건설재해예방전문지도기관의 기술지도에 관한 경과규정) 2022년 8월 17일 이전까지 건설재해예방전문지도기관과 체결한 기술지도 계약에 관한 안전보건관리비의 사용기준은 제7조제1항제7호 및 제11조의 개정에도 불구하고 종전의 규정을 따른다.

산업안전보건법 제73조(건설공사의 산업재해 예방 지도)

① 대통령령으로 정하는 건설공사의 건설공사발주자 또는 건설공사도급인(건설공사발주자로부터 건설공사를 최초로 도급받은 수급인은 제외한다)은 해당 건설공사를 착공하려는 경우 제74조에 따라 지정받은 전문기관(이하 "건설재해예방전문지도기관"이라 한다)과 건설 산업재해 예방을 위한 지도계약을 체결하여야 한다.

해설

법 제73조는 개정 전의 시공자 대신에 발주자[11] 또는 자기공사자로 하여금 기술지도 계약을 체결하도록 하고 있다. 따라서 '발주자'는 안전보건관리비의 사용주체가 될 수 없으므로 개정 규정이 발효되는 2022년 8월 17일 지나 '발주자가 체결한 기술지도'에 대해 지불하는 대가는 안전보건관리비로 지급할 수 없다. 그러나 발주자와 시공자의 자격을 동시에 갖는 자기공사자가 체결한 기술지도 대가는 고시 제7조제1항제7호에 의거 이전과 같이 안전보건관리비로 지급할 수 있다.

---

11 시공자가 기술지도 계약의 당사자가 됨으로써 재해예방기관이 시공자에 예속될 수 있어 기술지도의 질이 저하될 수 있다는 우려를 반영한 것일 수 있지만, 위험통제의 주체가 시공자라는 점에서 발주자가 기술지도 계약을 체결하는 것이 합리적인지 의심스럽다.

II

산업안전보건
관리비 계상 등

Q7. 산업안전보건법과 건설기술관리법상의 안전관리비 차이점

질의

산업안전보건법상의 산업안전보건관리비와 건설기술관리법상의 시공안전관리비상의 차이점과 적용은?

회시

산업안전보건관리비라 함은 산업안전보건법 제30조의 규정에 의해 건설현장 등에서 근로자의 산업재해예방을 위하여 사용토록 하는 것을 말하는 것으로 공사금액 및 종류에 따라 각각 사용을 달리하고 있으며 그 구체적인 사용내역 및 기준은 건설업 표준안전관리비 계상 및 사용기준(노동부고시 제2000-17호, 2000.05.22.)에 명시되어 있습니다.

이에 반해 건설기술관리법상[12] 안전관리비는 동법 제26조의2 및 동법 시행령 제46조의 3에 규정된 것으로 시설물에 대한 안전관리계획의 작성 및 정기안전 점검, 건축공사 수행 중 발생하는 주변 피해방지 및 주변의 통행안전 등을 위하여 사용되는 비용을 말하는 것으로 양자

---

12 2013년 건설기술관리법이 폐지되고 건설기술진흥법으로 전면 개정됨.

는 용어의 유사성에도 불구하고 실제로는 건설근로자의 재해예방을 위한 산업안전보건관리비와 구조물의 안전(품질관리)을 위한 안전관리비로 구분이 되고 별도의 목적에 따라 각각 사용됩니다.

(산안(건안) 68307-10021, 2001.02.12.)

해설

건설공사 현장에서 근로자의 안전은 산업안전보건법에 의해서 고용노동부가 관장하고 있다. 그런데 건설기술진흥법에서도 '안전'이란 용어를 사용하고 국토교통부가 관여하면서 중복문제가 대두되었다. 이러한 중복문제는 건설현장에 대한 양 부처의 경쟁적인 점검으로 건설업계의 불만을 초래하였고 1990년대 후반에 이르러서는 규제개혁위원회에서 '건설안전일원화'를 시도하는 등 양 부처간 규제와 점검의 중복을 해소하려는 노력이 있었다. 결국 고용노동부는 '근로자의 안전'을 국토교통부(당시 건설교통부)는 '구조물의 품질'을 관장하기로 정리되었다.

그런데 그 후 건설현장에서 사고가 다발하여 사회적인 관심이 커지자 국토교통부가 다시 안전 관련 조직을 갖추고 건설공사 '안전'에 관여하기 시작하였다. 국토교통부가 추진하는 건설안전 제도는 대부분 산업안전보건법의 제도를 차용하고 있다. 유해위험방지계획서는 안전관리계획서로, 산업안전보건관리비는 안전관리비라는 명칭으로 제도를 도입하고 '안전교육'과 '안전점검'도 하고 있다.

안전관리는 사각지대가 생기는 것보다 어느 정도 겹치게 관리하는 것이 근로자의 생명과 건강을 지키는 데 유리한 측면도 있기는 하다. 그러나 그 정도가 지나치면 '촘촘한' 관리가 아니라 '중복' 관리가 되고 비효율이 더 커지게 마련이다. '안전'에 대한 개념과 관장을 명확히 하는 게 필요한 이유이다.

건설기술진흥법 제2조 정의규정에서 "건설기술"이란 다음 각 목의 사항에 관한 기술을 말한다. 다만, 안전에 관하여는 「산업안전보건법」에 따른 근로자의 안전에 관한 사항은 제외한다고 정하고 있다. 산업안전보건법이 근로자의 안전을 규율하고 있음을 밝힌 셈이다.

그런데도 '안전'이란 용어를 사용함으로써 여러 가지 혼란을 일으키고 있다. 이러한 중복으로 인한 불편과 비효율을 방지하기 위해 고용노동부와 국토교통부는 2007년 "유해·위험방지계획서 및 안전관리계획서 통합작성 지침서"를 제정하는 등 일정 부분 노력하고 있으나 현장에서 겪는 애로사항을 해소하기에는 역부족이어서 근본적인 정리가 필요해 보인다.

이러한 정리는 용어를 명확히 하는 데서부터 출발해야 한다. 건설기술진흥법에서 '안전'이란 용어를 사용하지 않는 것이 방법이다. 건설기술진흥법에서 규율하는 구조물의 '안전'의 실체는 시공과정에서 구조물을 튼튼하게 하여 무너지지 않게 하는 것이다. 다른 나라에서도 '건설안전(Construction Safety)'은 시공과정에서 근로자의 안전관리를 의미한다. 건설기술 관련하여는 품질관리(Quality Control)란 용어를 사용하지 안전이란 용어를 사용하는 경우를 찾기가 힘들다. 구조물의 '안전' 대신에 구조물의 '품질관리'로 명확히 구분하는 것이 필요하다.

Q8. 원가계산 시 4천만 원 이상[13]이었다가 낙찰가가 4천만 원 미만인 경우 안전관리비 계상

질의

원가계산 시에 공사금액이 4천만 원 이상이었다가 낙찰시 4천만 원 이하로 되었다면 안전관리비 공제여부 및 방법은?

회시

건설업 표준안전관리비 계상 및 사용기준(노동부고시 제2000-17호, 2000.05.22.) 제5조에 의하면 발주자는 원가계산에 의한 예정가격 작성 시 제4조의 규정에 따라 안전관리비를 계상하여야 합니다. 다만, 도급계약상의 대상액을 기준으로 동조의 규정을 적용하여 안전관리비를 조정할 수 있다고 규정하고 있는바, 공사계약 시 도급금액이 4천만 원 미만이었다면 당해 공사는 법상 안전관리비 계상을 하여야 하는 공사가 아니므로 원가계산서 작성 시 계상된 안전관리비를 계상하는 방법에 대해서는 당사자 간에 협의하여 결정하여 처리하여야 할 것으로 사료됩니다.

(산안(건안) 68307-614, 2000.07.13.)

---

13 2019.12.13. 고용노동부 고시 제2019-64호로 산업안전보건관리비 적용대상을 2천만 원 이상인 공사로 확대함.

관련 규정

해설

2018.10.05. 고용노동부고시 제2018-72호로 위 규정의 단서조항을 삭제하여 발주자가 수급인과 공사계약을 체결할 경우 낙찰률을 적용하지 아니하고, 당초 예정가격 작성 시 계상한 금액을 조정 없이 반영하도록 하였다. 이에 따라 현재는 원가계산 시 계상한 산업안전보건관리비가 낙찰률에 상관없이 확정적으로 적용된다.

따라서 원가계산 시 4천만 원(현행 2천만 원) 이상 공사에 해당되어 안전관리비를 계상하였다면 낙찰가격이 4천만 원 미만이라 하더라도 계상된 안전관리비는 유지된다.

Q9. 적게 계상된 안전관리비를 변경 조치하고 이 비용을 이윤에서 감액할 수 있는지

질의

'97년 총액 단가 계약된 ○○지하철 2호선×공구 업무수행 중 설계당시 잘못 적용된 표준안전관리비 적용요율을 공사수행 중 시정지시가 있어 당초 철도궤도 적용 요율 1.58%를 중건설 적용요율 2.26%로 변경하여 안전관리비를 증액하였으나 총도급액의 변경을 인정치 않아 이 증액분을 이윤에서 감액조치하여 당초계약 의도와는 다른 이윤손실이 발생하였음. 오적용된 요율의 수정으로 안전관리비 사용금액이 늘어남은 타당하나 이 증가분을 이윤에서 감액조치함은 납득하기 어려운데 처리방법은?

회시

1. 건설업 산업안전보건관리비 계상 및 사용기준(노동부고시 제2001-22호, 2001.02.16.)에 의하면 건설공사에 있어 산업안전보건관리비의 계상 의무는 발주자에게 있으므로 발주자가 설계당시 산업안전보건관리비를 계상하면서 건설공사에 해당하는 요율을 제대로 적용하지 않아 귀 질의에서 밝힌 바와 같이 산업안전보건관리비가 잘못 계상

된 것이 사실이라면 이 부분에 대해서는 원칙적으로 시공자에게는 책임이 없으며 발주자가 재계상하여야 한다고 사료됩니다.

2. 다만, 재계상으로 증액된 산업안전보건관리비와 기존의 금액과의 차액을 이윤에서 감액을 할 것인지 하는 사항에 대해서는 산업안전보건법에 별도로 정한 바가 없으므로 회계관련법령이나 공사계약 내용 등을 참조하여 발주처와 협의 결정하여야 할 것으로 사료됩니다.

(산안(건안) 68307-10055, 2001.02.28.)

관련 규정

고시 제4조(계상의무 및 기준)

① 건설공사발주자(이하 "발주자"라 한다)가 도급계약 체결을 위한 원가계산에 의한 예정가격을 작성하거나, 자기공사자가 건설공사 사업계획을 수립할 때에는 다음 각 호와 같이 안전보건관리비를 계상하여야 한다. 다만, 발주자가 재료를 제공하거나 일부 물품이 완제품의 형태로 제작·납품되는 경우에는 해당 재료비 또는 완제품 가액을 대상액에 포함하여 산출한 안전보건관리비와 해당 재료비 또는 완제품 가액을 대상액에서 제외하고 산출한 안전보건관리비의 1.2배에 해당하는 값을 비교하여 그중 작은 값 이상의 금액으로 계상한다.

  1. 대상액이 5억 원 미만 또는 50억 원 이상인 경우: 대상액에 별표 1에서 정한 비율을 곱한 금액

2. 대상액이 5억 원 이상 50억 원 미만인 경우: 대상액에 별표 1에서 정한 비율을 곱한 금액에 기초액을 합한 금액

3. 대상액이 명확하지 않은 경우: 제4조제1항의 도급계약 또는 자체사업계획상 책정된 총공사금액의 10분의 7에 해당하는 금액을 대상액으로 하고 제1호 및 제2호에서 정한 기준에 따라 계상

해설

회시의 내용대로 산업안전보건관리비의 계상의무는 발주자에게 있고 이 의무에는 규정에 맞게 계상하여야 하는 의무까지 포함된다. 안전관리비를 규정보다 적게 계상한 책임은 발주자에게 있음은 당연하다.

회시에서는 처리 방법에 대해서 원론적인 수준에서 답했으나, 산업안전보건관리비가 공사비의 다른 항목과 상관없이 안전보건관리 비용을 별도로 확보하려는 취지임을 감안하면, 이윤에서 증액분을 감액하는 것은 타당하다고 볼 수 없다. 특히 현행 고시는 공사 예정가격 작성 시 계상된 산업안전보건관리비에 낙찰률을 적용하여 감액할 수도 없게 하고 있음을 참고해야 한다.

현실적으로 단가계약의 경우 공사비의 항목별 변동이 생기면 조정이 용이하므로 별문제가 없겠으나, 공사금액이 고정된 총액계약의 경우

반영이 용이하지 않을 수 있겠다. 그러나 이 경우에도 안전보건관리비 계상의 잘못의 원인이 발주자에게 있고 발주자는 스스로 공사금액에 대한 조정 권한이 있는 자임으로 이를 바로 잡아주는 것이 합리적이라 생각된다.

Q10. 낙하물방지망이 설계서에 반영되어 있을 때 설계변경하여 공사비를 감액할 수 있는지

질의

국가기관으로부터 내역입찰방식으로 계약체결하여 공사를 시행 중에 있으며, 당 현장의 경우 낙하물방지망이 가설공사 항목에 포함되어 있고 당초 안전관리비사용계획상에도 일부 낙하물방지망이 계상되어 있는바, 발주처에서는 낙하물방지망을 안전관리비로 사용이 가능하므로 당초 안전관리비 사용계획서상의 낙하물방지망만큼 도급내역에서 감액 지시하는바 내역에서 삭제함이 타당한가요?

회시

건설업 산업안전보건관리비 계상 및 사용기준(노동부고시 제2001-22호, 2001.02.16.) 제7조에 의거 "수급인 또는 자기공사자는 별표 2의 사용내역 및 사용기준에 따라 안전관리비를 사용하여야 하고, 별표 2의 사용내역 중 공사 설계내역서에 명기되어 있는 사항은 사용할 수 없다"고 규정을 하고 있습니다. 2022.06.02. 개정된 고용노동부 고시 제2022-43호에서 이 규정이 삭제되었으나, 여전히 공사비와 산업안전보건관리비에서 이중으로 지출할 수는 없습니다.

이는 산업안전보건관리비는 당해 공사의 안전관리에 필요한 안전비용의 최소한을 정한 것이므로 공사 설계내역서에 반영된 항목에 대해서는 공사비에서 집행하는 것이 바람직하다는 취지로써 귀 질의의 낙하물방지망 비용이 가설공사 항목에 반영되어 있다면 동 비용은 산업안전보건관리비로 사용할 수 없습니다.

가설공사비 항목에 기 반영된 낙하물방지망 비용을 설계변경을 통하여 공사비에서 감액할 수 있는지 하는 사항에 대해서는 산업안전보건법령상 정한 바가 없으므로 공사계약관계법령 등에 의하여 판단하여야 할 것으로 사료됩니다.

(산안(건안) 68307-10487, 2001.10.08.)

해설

회시에서 언급한 것처럼 산업안전보건관리비는 안전보건관리에 필요한 최소한을 정한 것이므로 가능하면 공사비의 다른 항목에서 안전보건 비용을 일정 부분 사용할 수 있어야 충분한 안전보건관리 비용을 확보할 수 있다.

질의의 경우처럼 이미 공사비에 낙하물방지만 설치비용이 반영되어 있다면 그 비용으로 사용하고, 안전관리비 사용계획서에서는 이를 꼭 필요한 다른 안전보건관리 비용으로 전환하는 것이 바람직해 보인다.

발주자에게 이러한 취지를 설득하는 것이 필요해 보이고, 그럼에도 산업안전보건관리비로 사용하라고 하면 산업안전보건법령 상으로는 이를 막을 방법은 현실적으로 없는 실정이다.

Q11. 안전관리비 계상 시 설계내역에 들어가 있는 비용은 제외하고 산출하여야 하는지

질의

1. 설계내역에 산업안전보건관리비로 사용할 수 없는 교통안전관리비용 등이 내역에 반영되었을 때 산업안전보건관리비 계상 시 이 금액을 대상액에서 제외하고 "율"을 계산해야 하나요?

2. 설계내역에 산업안전보건관리비로 사용할 수 있는 시설(낙하물방지망, 법면보호망, 가설방음시설, 환기시설 등)이 별도로 반영되어 있을 때 산업안전보건관리비 계상 시 이 금액을 대상액에서 제외하고 "율"을 계산하나요?

회시

1. 건설업 산업안전보건관리비 계상 및 사용기준(노동부고시 제2001-22호, 2001.02.16.) 제2조 규정에 의하면 산업안전보건관리비 계상을 위한 "안전관리비 대상액"이라 함은 원가계산에 의한 예정가격작성준칙(재경부 회계예규) 별표 2의 공사원가계산서에서 정하는 재료비와 직접노무비를 합한 금액(발주자가 재료를 제공할 경우에는 당해 비용을 포함한 금액)을

말합니다. 다만, 대상액이 구분되어 있지 아니한 공사는 도급계약서 상의 총 공사금액의 70%를 대상액으로 하여 안전관리비를 계상하도록 하고 있습니다.

2. 따라서, 귀 질의의 경우 교통안전관리비용, 낙하물방지망, 법면보호망 등의 설치비용이 별도로 공사비에 반영되었는지 여부와 상관없이 위의 기준에 따른 대상액에 정해진 요율을 곱하여 안전관리비를 계상하여야 할 것으로 사료됩니다.

(산안(건안) 68307-10265, 2001.06.16.)

해설

산업안전보건관리비의 계상 대상액은 공사원가계산서에서 정하는 재료비와 직접노무비를 합한 금액이므로 설계내역이 어떻게 작성됐는가에 상관없이 그대로 계상하여야 한다. 다만, 이 설계내역에 안전관리비로 사용이 가능한 시설의 설치비용이 포함되어 있는 경우에는 그 비용은 안전관리비로 사용할 수 없다.

Q12. 연차공사에서 안전관리비 계상 및 이월 사용가능 여부

질의

1999년 총괄계약하여 연차공사를 시행 중에 있으며, 3차년도까지는 안전관리비 계상 시 공사금액 대상액을 직접노무비+재료비(관급자재대 및 사급자재대 미포함)**로 적용하여 준공된 현장으로 기준공된 공사에 대하여는 당초대로 안전관리비를 적용하고 금회**(4차)**분 이후의 안전관리비 대상액에 대하여는 ① 직접 노무비+재료비**(사급자재 및 관급자재대 포함) **② 관급자재대를 포함시키지 않은 대상액**(사급자재 포함)**으로 계상한 금액의 1.2배 이내에서 계상되어야 하나요?**

회시

수차례에 걸쳐 장기간 계속되는 공사에 있어 산업안전보건관리비는 총 공사부기금액을 대상으로 하여 계상·사용하도록 하고 있습니다. 따라서, 귀 공사의 경우에도 산업안전보건관리비는 차수별 공사가 아닌 총 공사를 기준으로 대상액에 해당 공사의 요율을 곱하여 계상하여야 하고, 이렇게 계상된 산업안전보건관리비는 전체 공사금액에 대하여 계상된 산업안전보건관리비의 범위 내에서 해당 차수를 이월하여 사용이 가능합니다.

(산안(건안) 68307-10247, 2002.05.29.)

해설

연차공사는 총괄계약 된 공사를 회계처리 상 편의를 위하여 연 단위로 나누어 계약하고 집행하는 방법이다. 즉 총괄계약 한 공사가 전체로 하나이고 시공자도 같다. 따라서 연차공사가 아니라 전체공사를 대상으로 안전관리비를 계상해야 하고 사용도 전체 공사를 대상으로 한다. 연차공사 간에 안전관리비를 이월하여 사용할 수 있음은 당연하고 정산도 전체공사를 대상으로 이루어져야 한다.

Q13. 아파트 평당 단가계약(분양계획 수립, 모델하우스, 시공, 분양 비용 포함) 시 안전관리비 계상방법

질의

1. 안전관리비는 일반적으로 "노동부 고시"에 의거 대상액이 구분되어 있지 아니한 건설공사는 도급계약 상의 총 공사금액의 70%를 대상으로 안전관리비를 계상하는 것으로 알고 있는데 당 현장은 타 공사와는 달리 분양계획 수립, 모델하우스 건립 및 운영, 광고, 아파트공사, 입주까지 평당 단가로 계약하여 도급을 받았음. 따라서 안전관리비 대상액의 금액산출에 혼선이 발생하고 있음. 위에서 언급한 "도급계약상의 총공사금액"을 당 현장에서처럼 모든 분야(분양계획수립, 모델하우스건립 및 운영, 광고, 아파트공사)를 포함하고 있을 경우 어떠한 금액을 기준으로 안전관리비를 계상하여야 하는지요?

2. 안전관리비 계상 시 대상액이 평당 단가로 계약한 도급액이 되는지, 아니면 도급액 중 아파트 공사비만을 대상액으로 안전관리비를 계상하여야 하는지요?

3. 안전관리비 계상 시 총 공사비에 VAT를 포함하여 안전관리비를

계상하여야 하는지, 매월 작성하는 안전관리비 사용내역서 작성 시 VAT 포함관계는 어떻게 하여야 하는지요?

회시

1. 건설업 산업안전보건관리비 계상 및 사용기준(노동부고시 제2001-22호, 2001.02.16.)에 의하면 산업안전보건관리비 계상 시 대상액이 구분되어 있지 않은 경우에는 총공사금액의 70%를 대상액으로 보고 계상을 하도록 하고 있는바, 귀 공사의 공사금액이 등으로 산정되어 대상액이 구분되어 있지 않다면 산업안전보건관리비는 도급계약상 공사금액의 70%를 대상액으로 보고 계상하여야 하며,

2. 산업안전보건관리비 계상 시 총공사금액이라 함은 공사 도급계약서상의 금액[14]을 말하는 것으로 여기에는 부가가치세가 포함되고 당해 공사의 시공과 관련되는 모든 비용을 포함하는 것으로 귀 질의내용 중 분양계획 수립 및 운영비, 광고비, 입주비용 등은 공사비에 포함되지 않으나 모델하우스 건립비용은 동 공사가 다른 업체에 별도로 발주되지 아니하고 본 공사와 함께 계약되어 시공되는 경우에는 위 총공사금액에 포함된다고 사료됩니다.

---

14 2018.10.05. 고용노동부고시 제2018-72호로 낙찰률을 적용하여 계상된 산업안전보건관리비를 조정하는 규정을 삭제하여, 당초 예정가격 작성 시 계상한 금액을 조정 없이 반영하도록 하였다.

3. 총공사금액에는 부가가치세가 포함되어 있으나 이를 기준으로 계상한 산업안전보건관리비에는 부가가치세가 포함되어 있지 않은바, 부가가치세가 포함되지 아니한 금액을 산업안전보건관리비로 보는 경우 정산 시 부가가치세를 제외하여야 하고, 부가가치세를 포함한 금액을 산업안전보건관리비로 볼 경우에는 정산시 부가가치세를 포함하는 등 계상과 정산을 동일한 방법으로 하여야 합니다.

(산안(건안) 68307-10296, 2002.06.24.)

해설

산업안전보건관리비는 공사를 시공하는 과정에서 안전보건관리에 소요되는 비용을 충당하기 위한 것으로 시공과 직접 관련이 없는 비용은 평당 단가로 공사비를 산정하는 경우에도 제외하고 계상하여야 한다. 질의에서 분양계획 수립 및 운영비, 광고비, 입주비용 등이 이에 해당한다. 모델하우스의 경우에는 본 공사의 일환으로 산업안전보건관리비를 사용하는 업체가 시공하면 같은 현장으로 보고 계상과 사용 시에 포함하는 것이 합리적이다.

원가계산 시 산업안전보건관리비 계상의 대상액인 총공사금액에는 부가가치세가 포함되어 있으나 이를 대상액으로 하여 산정한 산업안전보건관리비는 원가계산에 의한 예정가격 작성준칙(기재부 회계예규) 상 경비항목의 세비목으로 부가가치세가 포함되어 있지 않은 금액이다. 이를 기준으로 정산하는 경우에는 각 사용비용도 부가가치세를 제외한 금액으로 한다.

그러나 최종 공사금액은 안전보건관리비를 포함하여 모든 비목의 예정가격에 부가가치세를 더하여 결정이 된다. 이 경우에는 안전보건관리비에 부가가치세가 포함되어 있으므로 정산을 하는 경우에도 각 사용비용에 부가가치세를 포함한 금액으로 하여야 한다.

즉 계상된 안전보건관리비에 부가가치세가 포함되어 있는지를 따져서 이에 따라 정산 시 부가가치세를 포함할 것인지를 정해야 한다.

질의

당 현장은 관 발주공사로 책임 감리원이 상주하고 있으나 공사내역서 상의 안전관리비산정자체가 당사의 입찰 시 착오로 법정요율 산출에 미달하여 발주처에서는 예산회계법에 의거 변경시켜 줄 수 없기에 당사 실행예산에 반영하여 법정요율 적용 산출금액을 사용하고자 하는바, 감리원은 내역서 상의 안전관리비 이상은 사용할 수 없다고 하고 당사는 산업안전보건법에 의거 미달금액을 당연히 반영하여야 할 입장입니다. 이러한 경우 도급 내역서에 산정되어 있는 안전보건관리비만 사용하여도 법에 저촉을 안 받는 것인가요?

회시

산업안전보건법 제30조에 의하면 건설공사를 타인에게 도급하는 자는 도급계약체결 시 노동부장관이 정하는 바에 의하여 산업재해 예방을 위한 산업안전보건관리비를 도급금액에 계상하여야 하고 수급인은 사용기준을 준수하는 등 당해 산업안전보건관리비를 다른 목적으로 사용하여서는 아니 된다고 규정하고 있는바 안전관리비의 계상

의무는 발주자에게 있으며 부족하게 계상된 경우 적법하게 재계상하여야 하고 이를 지키지 아니할 때에는 발주자가 1,000만 원 이하의 과태료처분을 받을 수 있으며 시공자는 부족하게 계상된 경우라 하더라도 당해 안전관리비를 적법하게 사용하였다면 그와 관련하여 위법한 행위에 해당되지 아니합니다.

다만, 적정한 안전관리비의 확보를 위하여 발주자에게 재계상 등을 요구할 수 있다고 사료됩니다.

(산안(건안) 68307-10400, 2002.08.22.)

해설

안전보건관리비의 적정한 계상에 대한 책임은 발주자에게 있다. 시공사 측에서 입찰 시 착오로 법령에서 정한 요율에 미달하는 금액을 안전보건관리비로 책정한 것이 부족계상의 원인이 된 경우에도 책임 소재는 변함이 없다. 따라서 발주자는 적게 계상된 안전보건관리비를 규정에 맞게 재계상하여야 할 책임이 있고, 이를 위반하면 과태료 처분을 받을 수 있다.

시공자는 발주자가 계상한 안전보건관리비를 법령에서 정한 사용목적 등에 맞게 사용할 의무를 지고 있다. 따라서 설령 규정에 미달하는 안전보건관리비라 하더라도 그 한도 내에서 적법하게 사용한다면 시공자는 법적인 책임을 부담하지 않는다.

Q15. 안전보건관리비에 비계에 추가로 설치하는 안전난간의 설치비용이 포함되어 있다고 보아야 하는지

질의

발주자가 계상하는 산업안전보건관리비에 비계에 별도로 설치하는 안전난간의 비용이 포함되어 있는지 그렇지 않다면 안전난간의 설치비용을 별도로 산정해야 하나요?

회시

산업안전보건관리비 계상 시 사용하고자 하는 항목을 미리 정하지 않고, 시공자가 산업재해 예방 목적에 맞게 사용한 금액을 발주자가 정산하는 방식으로 운영됩니다.

- 건설업 산업안전보건관리비 계상 및 사용기준 제7조에 의해 공사내역에 포함되지 않는 안전난간을 비계에 별도로 설치하는 데 소요되는 비용은 산업안전보건관리비로 사용이 가능함을 알려드립니다.

해설

당초 공사비 내역에 안전보건관리에 필요한 비용이 포함되어 집행되는 것이 바람직하다. 하지만 공사비 내역에 안전보건관리에 필요한 항목이 제대로 반영되지 않는 경우가 많은 것이 현실이다. 이것이 안전보건관리의 부실로 이어질 수밖에 없는 문제점을 해소하기 위하여 발주자로 하여금 안전보건관리비를 별도로 계상하도록 하고 시공자가 필요한 부분에 사용하도록 하고 있다.

질의의 비계 설치비용은 공사비 내역에 들어가 있을 가능성이 크다. 여기에 추가로 설치하는 안전난간 설치비용이 포함되어 있는지는 공사계약 내용을 검토하여 발주자와 시공자가 판단해야 할 사항이다. 공사비 내역에 포함되어 있지 않은 경우에 발주자가 그 비용을 추가로 인정해주면 좋겠지만 계상된 안전보건관리비에서 사용하라고 할 가능성이 크다. 이렇게 공사비에 포함되어 있지 않다면 설치비용을 안전보건관리비에서 사용이 가능하다.

Q16. 설계도서를 작성하지 않은 소규모 건설공사에서 안전보건관리비 계상 시기

질의

민간 건설공사 중 건축 인·허가 대상이 아닌 소규모 건설공사를 설계도서를 작성하지 않은 상태에서 수의계약에 의해 발주하는 경우 발주자가 산업안전보건관리비를 계상하여야 하는 시기는 언제인가요?

회시

민간 건설공사로서 건축 인·허가 대상이 아닌 소규모 건설공사를 설계도서 없이 발주할 경우, 계약당사자가 견적금액을 제시해야만 공사금액이 산정될 수 있으므로 이때 안전관리비를 계상하면 됩니다.

해설

고시 제4조에 따르면 발주자가 예정가격에 의한 원가계산을 하거나 자기공사자가 건설공사를 위한 사업계획을 수립할 때 안전보건관리비를 계상해야 한다. 이는 공사비를 최초로 산정할 때 안전보건관리비도 포함하여 산정해야 한다는 취지이다.

따라서 설계도서를 작성하지 않는 소규모 공사의 경우에도 최초로 공사금액을 산정하는 견적금액을 제시할 때 안전보건관리비를 계상하면 될 것이다.

Q17. 입찰공고를 하지 않는 경우에 계상된 안전보건 관리비의 고지 방법

질의

건설공사 발주자가 계상된 안전관리비를 입찰에 참가하고자 하는 자에게 알려야 한다고 규정되어 있는데, 수의계약 등 입찰공고를 하지 않는 경우에 어떠한 방법으로 알려야 하나요?

회시

공공공사는 수의계약이라 하더라도 「국가를 당사자로 하는 계약에 관한 법률 시행령」 제33조(입찰공고) 등 기관별 적용되는 입찰·계약관련 규정에 따라 전자조달시스템(나라장터 등), 필요한 경우 일간신문 등을 통해 안전관리비를 입찰에 참가하고자 하는 자에게 미리 알려주면 됩니다.

- 다만, 입찰공고의 의무가 없는 민간공사로써 수의계약으로 공사계약을 체결할 경우 안전관리비 계상금액 고지방법에 대해서는 특별히 정하고 있지 않으므로 구두 또는 서면에 의한 고지 등 어떠한 형태로든 안전관리비를 입찰에 참가하고자 하는 자에게 미리 알려주면 됩니다.

해설

고시 제4조제2항은 "발주자는 제1항에 따라 계상한 안전보건관리비를 입찰공고 등을 통해 입찰에 참가하려는 자에게 알려야 한다."고 정하고 있다. 이는 입찰 등을 통해 공사의 수주에 참여하려는 자에게 안전보건관리비의 계상상황을 미리 알려주어 검토할 기회를 주고 계약에 제대로 반영토록 하려는 취지이다.

입찰공고를 하지 않는 수의계약으로 진행하는 경우에도 가능한 다른 방법을 통해서 안전보건관리비의 계상상황을 수의계약을 진행하는 상대방에게 계약 전에 미리 알려주어 계약을 체결할 때 반영되도록 하면 될 것이다.

III

산업안전보건
관리비의 사용

Q18. 안전시설재를 현장에서 반출 시 운송비용 등이 산업안전보건관리비에 해당되는지

질의

현장에서 사용한 안전시설재를 타 현장으로 보내는 시점이 맞지 않아 당사 창고로 보내기 위해 사용한 인건비, 지게차사용료, 트레일러 사용료 등을 산업안전보건관리비로 사용이 가능한지요?

회시

산업안전보건관리비 중 시설설치 등에 소요되는 자재는 원칙적으로 신규 구입자재를 대상(손료 미적용)으로 하고 있으며, 건설업산업안전보건관리비 계상 및 사용기준(노동부 고시 제2002-15호) 별표 2 산업안전보건관리비 항목별 사용내역 및 기준 항목 2.(안전시설비 등)에 의하면 "타 현장에서 전용하는 안전시설의 운반비"는 타 현장[15]의 산업안전보건관리비로 사용이 가능토록 하고 있으나, 귀 질의와 같이 타 현장으로 보내는 시점이 맞지 않아 동 자재를 임시로 회사창고에 보관할 경우 이에 소요되는 비용은 산업안전보건관리비로 사용할 수 없으며, 회사창

---

[15] 타 현장이 아니라 설치하기 위해 반입하는 현장의 안전보건관리비로 사용이 가능하다고 보는 것이 타당함.

고에 보관하던 안전시설을 필요한 현장으로 반출할 경우에 소요되는 비용은 반입을 받은 공사현장의 산업안전보건관리비로 사용할 수 있습니다.

(산업안전과-5272, 2004.08.19.)

해설

고시 제2002-15호 별표2의 사용기준에서 "타 현장에서 전용하는 안전시설의 운반비"를(반입하는 현장의 안전보건관리비로) 사용가능하다고 정하고 있는바, 특정 공사현장에서 사용 후 다른 곳으로 반출하는 경우의 운반비는 반출하는 현장의 안전보건관리비로는 사용할 수 없다는 것이 고용노동부의 입장이다. 이는 현행 규정으로도 같은 해석이 적용될 것으로 보인다.

Q19. 감시단 인건비의 사용가능 여부

질의

감시단 인건비를 안전관리비로 사용이 가능한지요?

회시

건설업 산업안전보건관리비 계상 및 사용기준(고용노동부 고시) 제7조(사용
기준)에 따라 공사현장의 특성에 따라 근로자 보호만을 목적으로 배치
된 유도자 및 신호자 또는 감시자의 인건비는 사용이 가능합니다.

다만, 전담 안전·보건관리자가 선임되지 아니한 현장이거나, 보조원이
안전·보건관리업무 외의 업무를 겸임하는 경우에는 인건비 사용이 불
가함을 알려드립니다.

관련 규정

제7조(사용기준)

① 도급인과 자기공사자는 안전보건관리비를 산업재해예방 목적으로 다음 각 호의 기준에 따라 사용하여야 한다.

  1. 안전관리자·보건관리자의 임금 등

    다. 안전관리자를 선임한 건설공사 현장에서 산업재해 예방 업무만을 수행하는 작업지휘자, 유도자, 신호자 등의 임금 전액

해설

현행 규정상 작업지휘자, 유도자, 신호자 등의 임금을 안전보건관리비로 지급할 수 있으려면 두 가지 조건을 만족해야 한다. 하나는 전담 안전관리자가 선임된 현장이어야 하고 또 하나는 작업지휘자 등이 다른 업무를 겸하지 않고 산재 예방업무만을 수행하여야 한다.

충분하지 않은 안전보건관리비를 효율적으로 사용토록 하기 위한 취지는 이해할 수 있으나, 전담 안전관리자가 선임되지 아니한 공사현장에서도 작업지휘자, 유도자 등이 필요한 현실을 반영하지 못한 아쉬움이 있어 이에 대한 검토가 필요해 보인다.

Q20. 공사금액이 줄어들어 안전관리자를 선임하지 않게 된 경우 기 지급한 인건비의 인정 여부

질의

사업주가 최초 유해위험방지계획서 대상으로 공사금액 50억 이상 공사금액으로 판단되어 겸직 안전관리자를 선임하였으나, 공사 진행 중 유해위험방지계획서 심사 대상 규모 미만으로 공사가 이루어 질 경우 기존에 지급한 안전관리자의 인건비를 산업안전보건관리 비로 사용이 가능한지요?

회시

산업안전보건법 시행령 제12조제1항[16]에 의해 안전관리자를 두어야 할 사업의 종류·규모, 안전관리자의 수 및 선임방법을 정하고 있으며,

- 건설업의 경우 공사금액 50억 원 이상 120억 원 미만(토목 150억 원 미만)으로서 동법 제48조제3항에 따른 유해·위험방지계획서 제출 대상인 공사는 1명의 안전관리자를 선임토록 하고 있습니다.
- 또한 건설업 산업안전보건관리비 계상 및 사용기준 제7조제1항제1

---

16 현행 산업안전보건법 제16조제1항

호에 의해 유해위험방지계획서 대상 공사로 공사금액이 50억 이상 120억 미만인 공사현장에 선임된 안전관리자가 겸직하는 경우 해당 안전관리자 인건비의 50%를 초과하지 않는 범위 내에서 산업안전보건관리비의 사용가능토록 정하고 있습니다.

- 따라서 귀 질의처럼 유해위험방지계획서 대상으로 판단된 현장에서 겸직 안전관리자를 해당 지방관서에 선임신고하고, 안전관리자의 업무를 수행토록 한 경우라면,

- 공사 진행 중 유해위험방지계획서 대상 현장에서 제외되었더라도, 선임한 기간 동안 발생한 안전관리자의 인건비 중 50%를 초과하지 않는 범위 내에서 산업안전보건관리비 사용이 가능함을 알려드립니다.

해설

안전관리자의 선임의무나 유해위험방지계획서의 대상을 정한 법령의 규정은 최소한을 정한 것으로서 이 기준에 못 미치는 경우에도 자율적으로 이행하는 것은 문제가 되지 않고 오히려 권장할 일이다. 이렇게 선임한 안전관리자에 대한 인건비를 안전보건관리비에서 지급할 수 있고, 자율적으로 선임한 안전관리자를 공사 중에 해임한 경우에 이미 근무한 기간에 대한 인건비(겸직의 경우 50%까지)를 안전보건관리비로 지급할 수 있다.

Q21. 갱폼 해체 구동시스템의 산업안전보건관리비 사용가능 여부

질의

갱폼 해체 시 갱폼과 근로자가 동시에 추락하는 재해를 예방하기 위해 추락의 위험이 없는 갱폼 안쪽에서 갱폼에 대한 해체가 가능한 해체 구동시스템에 소요되는 비용이 산업안전보건관리비로 사용이 가능한지요?

회시

건설업 산업안전보건관리비 계상 및 사용기준 제7조제2항에 따라 작업방법 변경, 시설 설치 등이 근로자의 안전·보건을 일부 향상시킬 수 있는 경우라도 시공이나 작업을 용이하게 하기 위한 목적이 포함된 경우 이에 소요되는 비용은 산업안전보건관리비로 사용이 불가능합니다.

- 따라서 귀 질의의 해체 구동시스템도 갱폼을 구성하는 제품의 일환으로 이에 소요되는 비용은 산업안전보건관리비로 사용이 불가함을 알려드립니다.

해설

이 질의회시에서도 장비 설치의 주목적이 무엇이냐가 쟁점이 되고 있다. 회사는 해체 구동시스템은 해체·설치 작업에 필요한 갱폼을 구성하는 장비의 일부로 보고 있다. 근로자의 안전관리를 위해 추가적으로 설치하는 것이 아니라 작업 자체의 능률 개선이 주목적인 장비라는 입장이다.

Q22. 승강기 작업용 작업발판의 산업안전보건관리비 사용가능 여부

질의

승강기 작업을 위해 설치한 작업발판에 소요되는 비용을 산업안전보건관리비로 사용할 수 있는지요?

회시

건설업 산업안전보건관리비 계상 및 사용기준 별표 2 제2항제가목의 사용불가내역에 안전발판, 안전통로, 안전계단 등과 같이 명칭에 관계없이 원활한 공사수행을 위한 가설시설 등은 사용불가내역으로 정하고 있습니다.

- 작업발판의 경우 노동자가 고소작업 시 안전한 작업환경에 도움을 줄 수 있으나, 공사수행을 위한 작업공간을 구성하는 것이 주된 목적으로 산업안전보건관리비의 사용불가항목에 포함하고 있는 것으로
- 귀 질의의 안전발판 또한 승강기 골조작업 시 노동자의 작업을 위한 작업공간의 목적을 포함하고 있는 작업발판으로 이에 소요되는

비용은 산업안전보건관리비로 사용이 불가능함을 알려드립니다.

해설

이 질의회시에서도 시설 설치의 주목적이 작업이냐 안전이냐가 쟁점
이다. 작업발판을 설치하면 근로자가 좀 더 안정적인 위치에서 작업할
수 있는 것은 사실이나 작업발판이 없으면 승강기 작업을 하기가 곤
란하다. 즉 주목적이 작업을 수월하게 하기 위함이라고 판단된다. 근
로자의 추락을 방지하기 위하여 작업발판에 추가로 설치하는 안전난
간의 설치비용은 안전보건관리비로 사용이 가능하다.

Q23. 안전관리자의 퇴직급여를 안전보건관리비로 지급가능 여부

질의

현장에서 퇴직하는 안전관리자의 퇴직급여를 안전보건관리비로 지급할 수 있는지요?

회시

고시 제7조제1항제1호에서의 임금에는 「근로기준법」에 따른 임금 및 당해 건설공사 현장에서 근무한 기간 동안의 퇴직금 또는 퇴직급여충당금 등이 모두 포함될 것이므로 안전관리자의 퇴직급여를 안전보건관리비로 지급하는 것은 가능할 것입니다. 다만, 당해 건설공사 현장에서 근무한 기간에 한정하지 않고 다른 건설공사 현장 등에서 근무한 기간까지 합산하여 퇴직급여를 지급하는 것은 불가함을 안내드립니다.

〈퇴직근로자 급여 지급 예시〉

※ A 현장에서 퇴직하는 안전관리자의 퇴직금이 2천만 원이고, 총 재직기간이 10년이며 A 현장에서 1년 근무한 경우

☞ A 현장 안전보건관리비에서 최대 2백만 원까지 사용가능

관련 규정

근로기준법 제2조제1항 5.

"임금"이란 사용자가 근로의 대가로 근로자에게 임금, 봉급, 그 밖에 어떠한 명칭으로든지 지급하는 모든 금품을 말한다.

해설

임금은 근로기준법의 정의에 따르면 명칭에 상관없이 근로의 대가로 지급하는 모든 금품을 말하므로 퇴직급여도 포함된다. 다만, 안전보건관리비는 특정한 공사를 대상으로 계상되고 사용됨으로 해당 공사현장에서 발생한 임금만을 지급대상으로 하고, 퇴직급여도 마찬가지이다.

Q24. 안전기원제 행사 시 초청자의 기념품비 등의 안전관리비 사용가능 여부

질의

안전기원제 행사 시 초청자의 기념품비, 작업자의 포상비를 산업안전보건관리비로 사용할 수 있나요?

회시

건설업 표준안전관리비 계상 및 사용기준(노동부고시 제2000-17호, 2000.05.22.) 별표 2 안전관리비의 항목별 사용내역 및 기준 항목 5(안전보건교육비 및 행사비 등)에 의거 안전기원제에 소요되는 비용(연 2회 이하)은 산업안전보건관리비로 사용이 가능합니다.

이때 사용한도액에 대해서는 별도로 정한 바가 없으나, 기념품은 기념타올 등 상식적으로 인정될 수 있는 정도에 한정되어야 하고 포상비 또한 안전유공자에 한하여 가시적인 수여행위 등 사회통념 상 포상행위로 인정이 되는 경우에 한하여 사용이 가능할 것으로 사료됩니다.

(산안(건안) 68307-1084, 2000.12.07.)

해설

현행 고시(고용노동부 고시 제2022-43호) 제7조(사용기준) 제1항제5호 라목은 "건설공사 현장에서 안전기원제 등 산업재해 예방을 기원하는 행사를 개최하기 위해 소요되는 비용. 다만, 행사의 방법, 소요된 비용 등을 고려하여 사회통념에 적합한 행사에 한한다."고 정하여 안전기원제 행사비용에 대해서 안전관리비로 사용을 허용하고 있다.

따라서 안전기원제 행사에 소요되는 기념품비, 포상비를 안전관리비로 사용할 수 있으나 회시에서 밝히는 것처럼 사회통념 상 인정되는 범위와 한도 내에서 사용이 허용되고, 고가의 기념품이나 작업자에게 일률적으로 지급하는 포상비 등은 허용되지 않는다고 판단된다.

질의

1. 안전용품에 대하여 5개 업체 이상의 견적을 받은 후 각각의 품목에 대하여 업체 구분 없이 최저가를 기준으로 기반입한 물건에 대하여 감액조치를 취할 것(원도급자와 협력업체간의 결제방법 및 반입처가 다른 관계로 단가 차이가 있음)을 요구하는 것이 타당한지요?

2. 업체에서 받은 최저가도 물가자료와 비교하여 비싸면 물가자료의 단가로 적용할 것을 요구하는 것이 타당한지요?

3. 교량공사가 3개소로 총연장이 1.3㎞로써 강교 거치 시 안전난간이 필수적이나 강교가 3개소에 동시에 이루어져 안전난간이 약 5,000개 정도가 필요하지만 2,000개 반입 후 감리단의 지시로 인하여 추가적인 반입이 안 되어 안전난간을 설치하지 못한 상태로 강교 위에 작업자들이 통행하고 있는 실정임. 이런 경우 사고발생 시 누가 책임을 져야 하는지, 아니면 감리단의 지시를 무시하고 반입을 하여야 하는지요?

4. 기성 청구 시 안전관리비에 대하여 공정률을 적용하고 추가로 항목별 비율을 적용하여 초과사용분에 대하여 보류하는 것이 타당한지요?

회시

1. 질의 1, 2에 대하여

○ 건설업 표준안전관리비 계상 및 사용기준(노동부고시 제2000-17호, 2000.05.22.) 제9조에 의거 발주자가 실시하는 시공사의 산업안전보건관리비 사용내역 확인을 할 수 있으나 안전시설 자재 등에 대한 구입단가의 기준 등에 대해서는 별도로 정한 바가 없으므로 다른 공사의 정산방법 등의 예에 따르는 것이 합리적이라 판단됩니다.

2. 질의 3(안전상의 조치)에 대하여

○ 산업안전보건법상 작업자에 대한 안전상의 조치의무와 이를 태만히 하여 사고 시 책임을 당해 작업자를 직접 고용하여 사용하는 사업주에게 있는바, 귀 질의의 경우 안전난간의 추가 설치에 대해서도 당해 작업의 사업주가 하여야 하는 것임. 다만, 이 경우 안전상의 조치를 어느 정도 취할 것인가 하는 것은 당해 작업의 위험도 등을 고려하여 판단하되 작업자의 안전을 위해 반드시 필요한 경우라면 추가 설치도 가능할 것으로 사료됩니다.

3. 질의4(산업안전보건관리비 사용)에 관하여

○ 산업안전보건관리비의 정산방법에 대해서는 별도로 정한 바가 없으나 적법하게 사용한 산업안전보건관리비에 대해서는 공정률과 상관없이 사용한 금액만큼 기성을 청구할 수 있다고 사료됩니다.

(산안(건안) 68307-14, 2001.01.06.)

관련 규정

제7조(사용기준)

③ 도급인 및 자기공사자는 별표 3에서 정한 공사진척에 따른 안전보건관리비 사용기준을 준수하여야 한다. 다만, 건설공사발주자는 건설공사의 특성 등을 고려하여 사용기준을 달리 정할 수 있다.

고시 제8조(사용금액의 감액·반환 등)

발주자는 도급인이 법 제72조제2항에 위반하여 다른 목적으로 사용하거나 사용하지 않은 안전보건관리비에 대하여 이를 계약금액에서 감액조정하거나 반환을 요구할 수 있다.

제9조(사용내역의 확인)

① 도급인은 안전보건관리비 사용내역에 대하여 공사 시작 후 6개월마다 1회 이상 발주자 또는 감리자의 확인을 받아야 한다. 다만, 6개월 이내에 공사가 종료되는 경우에는 종료 시 확인을 받아야 한다.

② 제1항에도 불구하고 발주자, 감리자 및 「근로기준법」 제101조에 따른 관계 근로감독관은 안전보건관리비 사용내역을 수시 확인할 수 있으며, 도급인 또는 자기공사자는 이에 따라야 한다.

③ 발주자 또는 감리자는 제1항 및 제2항에 따른 안전보건관리비 사용내역 확인 시 기술지도 계약 체결, 기술지도 실시 및 개선 여부 등을 확인하여야 한다.

해설

위 고시 규정에서 확인할 수 있듯이 발주자 또는 감리자는 안전보건관리비의 사용내역을 확인할 권한이 있다. 하지만 이 확인의 목적은 안전보건관리비의 목적 외 사용이나 미사용 금액의 처리를 위한 것이다. 안전시설 설치를 위한 자재의 구매처나 가격을 통제하는 권한이 원칙적으로 감리자에게 주어지지 않았다.

따라서 감리자가 안전보건관리비의 사용과정에서 일반적인 수준을 넘는 가격통제 등을 하는 것은 타당하지 않아 보인다. 그럼에도 무리한 가격통제로 인한 안전시설의 질 저하나 부족 설치로 인한 책임은 당연히 시공과정에서 고용주의 입장에 있는 사업주의 책임이다.

또한 사용한 안전보건관리비의 기성청구에 대해서는 산업안전법령에서 따로 정하지 않고, 고시 별표 3에서 공사진척에 따른 사용기준을 정하고 있다. 따라서 이 기준에 따라 사용하고 기성을 청구하는 것이 적법하고 감리자가 공사의 특성을 고려하여 그 기준을 변경할 수 있겠다. 이 경우에도 공사의 특성에 따라 특정한 시기에 안전보건관리비의 사용이 증가하거나 줄어들 수 있는 점 등을 반영하여 사용을 원활하게 하라는 취지이지 공정율에 매이는 등 엄격하게 통제하라는 취지는 아님을 감안하면 적법하게 사용한 안전보건관리비는 적기에 처리해주는 것이 타당하다.

Q26. 실족방지망 안전관리비 사용가능 여부

질의

철근공사 장소에서 실족방지망을 설치할 경우 그 비용을 산업안전
보건관리비로 사용이 가능한지요?

회시

철근공사 시 실족방지망이 직접적인 공사수행을 위한 작업발판 또는
통로로 사용되지 않고, 작업발판 또는 통로 외에 추가로 설치하여 노
동자의 전도방지 또는 전도 시 찔림 등의 재해를 예방하기 위한 목적
으로 사용 시 해당 비용은 산업안전보건관리비로 사용이 가능합니다.

- 실족방지망 위에서 작업을 하거나, 실족방지망을 이동통로로 활용
  하는 경우 사용이 불가능하며, 작업발판 및 통로 주변에 설치하는
  실족방지망은 사용이 가능합니다.

해설

실족방지망은 메탈라스 제품으로 주로 배근된 철근 위에 실족이나 찔림 등에 의한 부상을 방지하기 위하여 설치하는 경우가 많다. 작업발판이나 통로로써 사용하는 경우는 인정되지 않는다는 전제하에 그 설치비용을 안전보건관리비로 허용하고 있다. 하지만 현실에서는 그 용도를 명확히 구분하기 힘든 경우도 있어 보인다. 철근 배근을 위한 작업발판 용도로 설치하는 것이 아니라 이미 배근된 철근 위에 설치하고 공사내역서에 반영되어 있지 않으면 그 설치비용을 안전보건관리비로 사용할 수 있도록 하는 것이 합리적일 수 있겠다.

Q27. 추락을 감지하는 에어백이 장착된 조끼의 안전 보건관리비로 사용가능 여부

질의

근로자 추락 시 이를 감지하여 내장된 에어백이 작동하는 조끼가 산업안전보건관리비로 사용이 가능한지요?

회시

귀 질의의 에어백 안전조끼의 경우 건설공사 현장 근로자의 추락재해 예방을 위한 목적의 보호구로 보여지는바, 동 조끼의 성능이 객관적으로 인정되는 경우 이에 소요되는 비용은 산업안전보건관리비로 사용이 가능할 것입니다.

해설

단순한 작업복 용도로는 에어백을 장착한 조끼를 지급할 필요가 없다고 볼 수 없다. 따라서 에어백이 장착된 안전조끼는 추락 시 근로자를 보호하기 위한 목적이 크다고 판단되어 안전보건관리비로 구입이 가능하다.

Q28. 헤드랜턴에 소요되는 비용의 산업안전보건관리비 사용가능 여부

질의

작업 시 조도를 확보하기 위하여 착용하는 헤드랜턴의 구입이 소요되는 비용을 산업안전보건관리비로 사용이 가능한가요?

회시

건설업 산업안전보건관리비 계상 및 사용기준 제7조제2항에 의해 작업방법 변경, 시설 설치 등이 근로자의 안전·보건을 일부 향상시킬 수 있는 경우라도 시공이나 작업을 용이하게 하기 위한 목적이 포함된 경우 소요되는 비용은 산업안전보건관리비로 사용이 불가합니다.

- 따라서 귀 질의의 헤드랜턴의 경우 공사수행 목적의 장비로 보아 동 비용은 산업안전보건관리비로 사용이 불가합니다.

해설

어두운 곳에서 작업 시 조도를 확보하기 위하여 착용하는 헤드랜턴은 근로자의 시야확보로 안전성에 도움이 되는 측면이 없다고 볼 수는 없으나, 그 주목적이 작업에 필요한 조도확보에 있다고 판단한 회사내용이다.

Q29. CCTV의 산업안전보건관리비 사용가능 여부

질의

공사현장에 근로자의 위치 파악, 위험장소에 접근 등을 감시하기 위하여 설치하는 CCTV의 안전보건관리비로 사용이 가능한가요?

회시

건설업 산업안전보건관리비 계상 및 사용기준 제7조에 의해 산업안전보건법·영·규칙 및 고시에서 규정하거나 그에 준하여 필요로 하는 각종 감시 시설의 설치비용(시설의 설치·보수·해체 시 발생하는 인건비 등 경비를 포함한다)은 산업안전보건관리비로 사용이 가능합니다.

- 따라서 귀 질의의 CCTV가 공사 목적물의 품질 확보 또는 건설장비 자체의 안전운행 감시, 공사 진척상황 확인 등의 목적이 아닌 근로자의 안전작업 수행여부의 확인 및 관리감독을 목적으로 설치하는 것이라면 산업안전보건관리비로 사용이 가능할 것으로 사료됩니다.
- 다만, 외부에서 공사 목적물의 품질 확보 또는 건설장비 자체의 운

행 감시 등 공사 진척상황의 확인을 위한 목적을 포함하고 있을 경우 해당 비용은 산업안전보건관리비로 사용할 수 없음을 알려드립니다.

해설

CCTV의 설치 목적이 무엇인가에 따라 안전보건관리비로 사용이 판가름난다. 근로자의 위험 행동의 파악 등을 통한 안전관리가 목적이라면 사용이 허용되고 외부의 침입감시, 공사 진행상황 파악 등을 위한 것이라면 주목적이 공사관리라고 보아서 사용이 불허된다.

Q30. 방연마스크의 안전보건관리비로 구입가능 여부

질의

건설공사 현장에서 화재 발생 시 유독가스로부터 근로자를 보호하는 목적의 방연마스크 구매 비용을 산업안전보건관리비로 사용이 가능한지요?

회시

건설업 산업안전보건관리비 계상 및 사용기준 제7조제1항에 의해 안전보건관리비는 근로자의 산업재해 및 건강장해 예방을 위한 목적으로만 사용하여야 하며, 제7조제1항제3호에 의해 각종 개인 보호장구의 구입·수리·관리 등 소요비용은 안전보건관리비로 사용이 가능합니다.

- 따라서 귀 질의의 방연마스크의 경우에도 유독가스로부터 근로자를 보호하는 목적으로만 사용하고, 공신력 있는 기관에서 객관적인 성능이 입증된 경우라면, 동 마스크 구매 시 안전보건관리비로 사용이 가능할 것입니다.

해설

고시 제7조제1항제3호는 "영 제74조제1항제3호에 따른 보호구의 구입·수리·관리 등에 소요되는 비용"을 안전보건관리비로 사용할 수 있다고 정하고 있고, 영 제74조제1항제3호는 안전인증대상인 보호구를 열거하고 있는데 이에는 각종 마스크가 포함되어 있다.

따라서 유독가스를 방지하기 위한 방연마스크가 안전인증을 받은 것이어야 안전보건관리비로 사용이 가능하다고 판단된다.

Q31. 건설업 기초안전보건교육 소요비용의 산업안전보건관리비 사용가능 여부

질의

건설업 기초안전보건교육에 소요되는 비용을 안전보건관리비로 사용이 가능한지와 가능할 경우 그 범위는 어떻게 되는지요?

회시

건설업 산업안전보건관리비 계상 및 사용기준 제7조제1항제5호에 따라 건설업 기초안전·보건교육에 소요되는 교육비는 안전관리비로 사용할 수 있으며, 건설업 기초안전·보건교육기관에 직접 가서 교육을 받을 경우 참여근로자에게 지급하는 출장비나 업무수당도 안전관리비로 사용할 수 있습니다.

- 따라서 수당의 경우 동 고시에 정의된 바는 없으나, 임금과는 별개의 금액을 교육에 소요되는 시간의 임금을 초과하지 않는 범위에서 회사 내부 규정 등을 따라 자율적으로 지급하시면 될 것으로 사료됩니다.

해설

고시 제7조제1항제5호(안전보건교육비 등) 가목은 "법 제29조부터 제31조까지의 규정에 따라 실시하는 의무교육이나 이에 준하여 실시하는 교육을 위해 건설공사 현장의 교육 장소 설치·운영 등에 소요되는 비용"을 안전관리비로 사용할 수 있다고 정하고 있다. 그리고 법 제31조는 건설업 기초안전보건교육을 정하고 있다.

따라서 건설업 기초안전보건교육에 소요되는 비용을 안전관리비로 사용가능하나 그 한도는 고시에서 따로 정하고 있지 않다. 고용노동부는 교육 참여 근로자에게 지급하는 출장비, 업무수당을 지급할 수 있고, 수당은 임금을 초과하지 않는 범위 내에서 지급할 수 있다는 입장이다.

Q32. 산업안전보건관리비로 일반의약품을 구매비용을 사용할 수 있도록 제안

질의

건설공사 현장의 작업자들의 부상 치료 등을 위한 일반의약품을 산업안전보건관리비로 구입할 수 있도록 허용하는 것이 바람직하지 않나요?

회시

건설업 산업안전보건관리비 계상 및 사용기준 별표 2(사용불가내역) 제6항 가목 및 나목에 의해 복리후생 등 목적의 약품과, 파상풍, 독감 등 예방을 위한 접종 및 약품에 소요되는 비용은 산업안전보건관리비로 사용이 불가능하며,

- 기획재정부계약예규(2017.12.28.) 제2장(원가계산에 의한 예정가격 작성) 제3절 (공사원가계산) 제19조(경비) 제11호에 따라 복리후생비로 의료위생약품대, 지급피복비, 급식비 등 작업조건 유지에 직접 관련되는 비용을 사용토록 정하고 있습니다.
- 따라서 일반의약품의 구매 비용은 공사경비 항목에 복리후생비로

사용이 가능하므로 산업안전보건관리비로 사용은 불가합니다.

관련 규정

고시 제7조

② 제1항에도 불구하고 도급인 및 자기공사자는 다음 각 호의 어느 하나에 해당하는 경우에는 안전보건관리비를 사용할 수 없다. 다만, 제1항제2호나목 및 다목, 제1항제6호나목부터 라목, 제1항제9호의 경우에는 그러하지 아니하다.

    1. 「(계약예규)예정가격작성기준」제19조제3항 중 각 호(단, 제14호는 제외한다)에 해당되는 비용

(계약예규) 예정가격작성기준 제19조(경비)

③ 경비의 세비목은 다음 각호의 것으로 한다.

    1. 전력비, 수도광열비는 계약목적물을 시공하는 데 소요되는 해당 비용을 말한다.

    2. 운반비는 재료비에 포함되지 않은 운반비로서 원재료, 반재료 또는 기계기구의 운송비, 하역비, 상하차비, 조작비등을 말한다.

(중략)

    11. 복리후생비는 계약목적물을 시공하는 데 종사하는 노무자·종업원·현장사무소직원 등의 의료위생약품대, 공상치료비, 지급피복비, 건강진단비, 급식비등 작업조건 유지에 직접 관련되는 복리후생비를 말한다.

(이하 생략)

해설

회시처럼 현행 규정을 보면 일반의약품은 예정가격작성기준에서 정하는 복리후생비에 명시적으로 포함되어 있어 안전보건관리비로 사용이 불가하다.

질의는 일반의약품을 안전보건관리비로 사용할 수 있도록 규정을 바꿀 것을 제안하고 있는데, 안전보건관리비는 최소한의 비용으로써 다른 방법으로 확보할 수 없는 경우에만 사용토록 한다는 취지를 이 회시에서도 유지하고 있다고 보인다. 일반의약품 구입비용은 입찰 시 공사비 내역에 포함하여 확보하여야 한다.

Q33. 방한복, 발열조끼 등의 구입비, 간이휴게실 이동 비용을 안전보건관리비로 사용가능 여부

질의

다음 항목의 산업안전보건관리비 사용가능한지요?

1. 혹한기 건설공사 현장 옥외근로자들에 한해 지급하는 방한복(작업복 아님), 기능성 발열조끼(핫조끼), 방한화, 방한모, 귀마개, 귀덮개

2. 공사구간이 넓은 철도공사에서 혹한·혹서기 간이휴게실로 사용하는 컨테이너를 현장 내에서 이동 시 발생하는 이전비용

3. 현장 안전·보건관계자(안전보건관리책임자, 안전보건총괄책임자, 안전관리자, 보건관리자, 관리감독자, 명예산업안전감독관, 안전·보건보조원) 특정유니폼의 비용

회시

핫팩, 발열조끼(핫조끼) 등은 근로자 보호목적이 있는 것으로 보아 산업안전보건관리비 사용이 허용되나, 방한복, 방한화, 방한모, 귀마개, 귀덮개 등은 일반적인 건설공사 현장에서의 사용이 불가함을 알려드립니다. 다만, 해상공사, 고산지역, 냉동창고 등 특수한 현장에서 일반적인 작업복만으로는 근로자 건강보호가 어려운 것이 인정되는 경우에는 산업안전보건관리비 사용이 가능할 것입니다.

– 또한, 간이 휴게시설을 현장 내에서 이전설치 하는 비용과 안전보건
  관계자임을 식별하기 위한 안전·보건관계자용 특정유니폼에 소요
  되는 비용 또한 산업안전보건관리비로 사용이 가능합니다.

해설

건설공사 현장에서 발생하는 수많은 경우를 다 감안하여 안전보건관
리비의 사용처와 회계처리 방법을 일일이 정하기란 사실상 불가능하
다. 일정 부분 행정해석에 의존할 수밖에 없다.

이 질의의 경우에도 다양한 용품의 안전보건관리비 사용가능 여부에
대해서 규정으로 해결되지 않아 고용노동부에 문의하고 있는 것이다.
핫팩, 발열조끼는 허용되고 방한복, 방한화 등은 허용되지 않는다는
판단도 단정적이라기보다 작업장소의 상황을 고려하여 기준을 제시하
고 있다. 이러한 판단은 오히려 현장 사정을 잘 아는 현장관계자가 더
잘할 수도 있다. 용품의 주목적이 안전보건관리를 위한 것인지 아니면
복리후생적인 것인지를 냉철하게 판단하여 안전보건관리비로 사용할
지를 결정하는 것이 바람직하다. 지도감독 시에도 현장에서의 판단에
대해서 결과도 중요하지만 현장의 여러 사정을 감안해서 판단했다면
그 과정을 존중해주는 자세가 중요하다고 생각된다.

Q34. 재해를 목격한 근로자에게 실시하는 심리상담 시 소요되는 비용의 사용가능 여부

질의

재해를 목격한 근로자에게 실시하는 심리상담 시 소요되는 비용을 산업안전보건관리비로 사용이 가능한가요?

회시

건설업 산업안전보건관리비 계상 및 사용기준 제7조제1항제6호에 의해 산업재해 목격 근로자의 심리상담을 위해 소요되는 비용은 사용이 가능합니다.

관련 규정

제7조(사용기준)

① 도급인과 자기공사자는 안전보건관리비를 산업재해예방 목적으로 다음 각 호의 기준에 따라 사용하여야 한다.

6. 근로자 건강장해예방비 등

    가. 법·영·규칙에서 규정하거나 그에 준하여 필요로 하는 각
        종 근로자의 건강장해 예방에 필요한 비용

    나. 중대재해 목격으로 발생한 정신질환을 치료하기 위해 소
        요되는 비용

(이하 생략)

해설

중대재해 목격자에 대한 심리치료 비용의 안전보건관리비로의 사용은 2018년 개정된 고시 제2018-72호에서 근로자의 건강관리에 소요되는 비용에 '중대재해 목격에 따른 심리치료 비용을 포함'하도록 규정하였고, 현행 고시 제2022-43호에서 위와 같이 명백하게 목을 구분하여 규정하였다.

Q35. 미세먼지 예방을 위한 살수차 이용에 대한 사용가능 여부

질의

공사현장의 미세먼지 예방을 위한 살수차 이용에 대한 비용을 산업안전보건관리비로 사용이 가능한가요?

회시

건설업 산업안전보건관리비 계상 및 사용기준 제7조제2항에 의해 환경관리, 민원 등 다른 목적이 포함된 경우 소요되는 비용은 산업안전보건관리비로 사용이 불가능합니다.

- 따라서 건설기술진흥법에 따른 환경관리비로 사용이 가능한 살수차 이용에 소요되는 비용은 산업안전보건관리비로 사용이 불가능합니다.
- 다만, 미세먼지 마스크의 경우 예외적으로 사용이 가능합니다.

관련 규정

해설

살수차를 이용하여 공사현장에 물을 뿌리는 것은 미세먼지를 줄여 근로자의 건강에 일부 도움이 되는 점은 부인할 수 없다. 그러나 최소한의 안전보건관리비를 안전보건관리에 효율적으로 사용토록 하기 위하여 환경관리 등 다른 목적이 포함된 경우 사용을 제한하고 있다. 또 살수차의 비용을 건설기술진흥법에 의거 환경관리비로 공사내역에 포함하여 확보 가능한 점도 고려하였다고 보인다.

Q36. 공사비에 반영된 기존 안전방망 해체 후 일부 추가설치 시 안전관리비 사용가능 여부

질의

기존 안전망설치비는 공사비에 책정되어 있으나 기존 안전망을 해체하고, 일부(roof 판넬설치로 인해) 천정지역 개구부를 막기 위해 재설치하고자 할 때 이를 안전관리비로 사용할 수 있는지요?

회시

건설업 표준안전관리비 계상 및 사용기준(노동부고시 제2000-17호, 2000.05.22.) 제7조(사용기준)에 의하면 수급인 또는 자기공사자는 별표 2 안전관리비의 항목별 사용내역 및 기준에 따라 산업안전보건관리비를 사용하여야 합니다. 다만, 위 사용내역 중 공사 설계내역서에 명기되어 있는 사항은 사용할 수 없다고 규정[17]되어 있는바,

귀 질의의 경우도 안전방망 설치비용이 공사비에 반영되어 있다면 동 비용은 산업안전보건관리비로 사용이 불가능하나 재설치 부분이 개

---

[17] 2022.06.02. 개정된 고용노동부 고시 제2022-43호에서 단서 규정이 삭제되었으나 여전히 공사비에 반영되어 있는 경우에는 이중 지급의 문제가 발생하므로 실제에 있어서 안전보건관리비로 사용이 제한될 것으로 판단된다.

구부 방호를 위하여 설치되는 것으로 이의 설치비용이 공사비내역에 반영되어 있지 않다면 동 설치비용은 산업안전보건관리비로 사용이 가능합니다.

(산안(건안) 68307-60, 2001.01.19.)

해설

위 고시 제7조제1항제2호 가목에 "산업재해 예방을 위한 안전난간, 추락방호망, 안전대 부착설비, 방호장치(기계·기구와 방호장치가 일체로 제작된 경우, 방호장치 부분의 가액에 한함) 등 안전시설의 구입·임대 및 설치를 위해 소요되는 비용"을 안전보건관리비로 사용할 수 있도록 정하고 있다. 이때 설치비용에는 해체비용도 포함되어 있다는 것이 고용노동부의 입장이다.

또한 안전시설의 설치에 대해서 그 횟수를 제한하고 있지 않은바, 현장의 공사 사정에 따라 필요하여 안전시설을 해체하고 다시 설치하는 경우에도 그 비용을 안전보건관리비로 사용할 수 있다. 다만, 당초 공사비에 재설치비용이 포함되어 있다면 이중 지급의 문제가 발생하므로 주의가 요망된다.

질의

1. 현장직원의 업무를 보조하는 안전반장, 안전보조원(호이스트 전원)을 당사가 직영으로 채용하지 않고, 도급계약(또는 위탁관리계약)에 의거 업무를 수행하고자 하는바, 이 경우 지급한 안전보조원 인건비를 산업안전보건관리비로 사용이 가능한가요?

2. 또한, 안전시설물 설치 유지 관리와 화재감시업무를 외부의 전문업체와 도급계약(또는 위탁관리계약)에 의거 진행하고자 하는바, 이 경우 지급한 산업안전보건관리비항목을 현장 산업안전보건관리비로 처리가 가능한가요?

회시

1. 귀 질의의 안전반장, 안전보조원(호이스트운전원)이 건설업 표준안전관리비 계상 및 사용기준(노동부고시 제2000-17호, 2000.05.22.) 별표 2 안전관리비의 항목별 사용내역 및 기준[18]에서 규정하고 있는 건설용

---

[18] 현행 고시 제2022-43호에서는 별표 2가 삭제되고 제7조에서 사용기준을 정하고 있다.

리프트의 운전자 또는 안전관리자의 업무를 보조하는 안전보조원을 말하는 것이라면 동 인건비는 산업안전보건관리비로 사용이 가능하고, 작업 중인 근로자의 재해방지를 위한 안전시설물의 설치 및 유지·관리 업무에 소요되는 비용도 산업안전보건관리비로 사용이 가능합니다.

2. 또한, 위에 해당하는 업무를 도급에 의해 수행을 하는 경우 그 도급비용은 산업안전보건관리비로 사용이 가능합니다.

(산안(건안) 68307-75, 2001.01.31.)

해설

안전보건관리비는 그 사용목적이 고시 제7조제1항에서 정하고 있는 사용기준에 해당하는지를 일차적으로 판단하고, 그 기준에 해당한다면 같은 조 제2항에서 정하고 있는 사용 제한 사유에 해당하는지를 따져서 사용하면 된다. 두 가지 조건을 만족하면 그 집행방법에 대해서는 제한을 두지 않고 있다. 즉 안전관계자나 안전시설을 직접 고용하거나 설치해도 되고, 외주를 주어도 그 비용을 안전보건관리비로 사용할 수 있다.

Q38. 연차공사의 경우 공사중지 기간 중 안전관리자 인건비의 안전관리비 사용가능 여부

질의

연차공사의 경우 전년도 차수계약 완료 후 다음연도 차수공사 계약일까지의 공사중지기간 중 현장에 상주하고 있는 안전관리자의 인건비를 산업안전보건관리비로 집행할 수 있는지요?

〈참고〉

(1) 당 현장 전체공사 계약기간: 1997.03.19. ~ 2004.03.18.(84개월)

(2) 6차 공사 계약기간: 2000.01.25. ~ 2000. 12. 20.

(3) 7차 공사 계약기간: 2001.01.22. ~ 2001.12.31. 준공예정

(4) 안전관리자 배치 인원: 3인 전담

회시

차수별 계약에 의해 수행되는 장기계속공사에 있어서 안전관리자는 총 공사 부기금액을 대상으로 전체공사 기간에 대하여 선임을 하여야 합니다. 따라서, 이렇게 선임된 안전관리자가 차수계약 간에 현장에서 상주하면서 안전관리와 관련하여 업무를 수행한다면 동 안전관리자

의 인건비는 산업안전보건관리비로 사용이 가능하다고 사료됩니다.

(산안(건안) 68307-10043, 2001.02.20.)

해설

총괄계약 된 공사를 회계처리 상 연차공사로 진행하는 공사의 경우, 전체공사를 대상으로 안전관리비를 계상해야 하고 사용도 전체 공사를 대상으로 한다. 또한 안전관리자도 전체공사를 대상으로 선임된다. 이렇게 전체공사를 대상으로 선임된 안전관리자의 임금은 연차공사 간에 공사중지 기간에도 안전관리비로 지급할 수 있다.

Q39. 음주측정기 및 타워크레인의 풍속계 안전관리비 사용가능 여부

질의

음주로 인한 사고 예방을 위해 음주측정기 구입 및 바람에 의한 타워크레인 전도를 방지하기 위해 풍속계를 구입하고자 하는 경우 안전관리비로 사용할 수 있는지요?

회시

건설업산업안전보건관리비라 함은 건설공사에 있어서 산업재해예방을 위하여 건설업 산업안전보건관리비 계상 및 사용기준(노동부고시 제2001-22호, 2001.02.16.) 별표 2 안전관리비의 항목별 사용내역 및 기준에 규정된 사항의 이행에 필요한 비용을 말하는 것으로, 귀 질의의 음주측정기가 음주한 근로자들이 작업현장에서 일을 하게 됨으로써 안전사고 등의 발생이 우려되어 사전에 음주측정을 실시하여 과음을 한 경우 작업을 하지 못하도록 함으로써 재해예방효과를 위한 차원에서 사용된다면 산업안전보건관리비로 사용이 가능할 것으로 사료되며,

풍속계의 경우 고소작업에 영향을 미치는 강한 바람을 사전에 예측하여 작업수행여부를 판단하여 강풍으로 인한 재해를 예방하기 위한 목

적으로 사용된다면 풍속계 구입비용도 산업안전보건관리비로 사용이
가능합니다.

(산안(건안) 68307-10090, 2001.03.20.)

해설

현행 고시에서는 위 회시 당시의 고시(노동부고시 제2001-22호) 별표 2의
안전관리비의 항목별 사용내역 및 기준이 삭제되고 제7조에서 사용기
준을 정하고 있다. 현행 사용기준은 사용항목을 일일이 나열하는 대
신에 더 포괄적으로 규정하고 있다.

그간에 안전관리에 대한 인식, 기술 등의 변화에 따라 사용기준을 여
러 차례 변경하였으나 그 근본 원칙은 유지하고 있다고 보인다. 즉 사
용내역에 명시되어 있지 않더라도 근로자의 안전관리를 위해서 필요
하다고 판단되면 사용을 허용하고 있다. 현행 사용기준에서 음주측정
기나 풍속계를 사용내역으로 명시하고 있지는 않으나(회시 당시의 고시에도
사용내역에 명시되어 있지는 않음) 안전관리를 위한 것이라는 전제하에 사용이
허용된다.

음주 여부를 측정하여 과음한 근로자에 대한 작업을 사전에 차단함
으로써 사고를 예방하기 위한 음주측정기의 구입은 산업재해 예방목
적으로 보여 산업안전보건관리비로 사용할 수 있을 것으로 판단된다.

Q40. 터널작업장 식별이 용이한 반사조끼 구입 시 안전관리비 사용가능 여부

질의

터널작업장에서 출입근로자에 대해 식별이 용이하도록 반사조끼를 구입하고자 하는데 안전관리비로 사용할 수 있나요?

회시

귀 질의의 경우와 같이 조명이 어두운 지하터널 공사현장에서 장비 등에 의한 사고방지를 목적으로 근로자의 식별이 용이하게 하기 위해서는 근로자에게 반사조끼를 지급·착용토록 하였다면 동 비용은 건설업 산업안전보건관리비 계상 및 사용기준(노동부고시 제2001-22호, 2001.02.16.) 별표 2 안전관리비의 항목별 사용내역 및 기준 항목 2(안전시설비 등)의 규정에 의한 각종 안전표지 등에 소요되는 비용으로 보아 산업안전보건관리비로 사용할 수 있을 것이나, 작업복의 용도로 지급을 하였다면 산업안전보건관리비로 사용할 수 없습니다.

(산안(건안) 68307-10230, 2001.05.30.)

해설

반사조끼의 경우에도 지급의 주목적이 어디에 있느냐에 따라 안전보건관리비로 사용이 가능한지가 결정된다. 일반적으로 근로자에게 지급하는 작업복이라면 사용이 금지되고 안전을 위해서 특별한 조건하에서 지급하는 경우에는 사용이 허용된다.

관련 사용기준의 변경 관련한 설명은 앞의 질의회시 Q39와 같다.

Q41. 안전관리자 미선임 대상공사에서 자율적으로 선임 시 인건비 전액 지출가능 여부

질의

토목공사의 경우 150억 이상인 공사현장에 안전관리자 선임이 적용되는데 당 현장은 공사금액이 약 60억으로써 공사 위험요소가 많아 전담안전관리자를 ○○노동관서에 선임 신고하였습니다. 이 경우에 전담안전관리자 인건비를 100% 사용할 수 있나요?

회시

건설업 산업안전보건관리비 계상 및 사용기준(노동부고시 제2001-22호, 2001.02.16.) 별표 2 안전관리비의 항목별 사용내역 및 기준 항목 1(안전관리자 등의 인건비 및 각종 업무수당 등)에 의하면 전담안전관리자의 인건비 및 업무수행 출장비는 산업안전보건관리비 총액의 40% 범위 내에서 사용이 가능하다고 규정을 하고 있습니다.

따라서, 귀 질의의 경우 공사금액이 60억 원으로 안전관리자 선임 대상 현장은 아니나 유자격의 안전관리자를 선임·신고하고 선임된 안전관리자가 당해 현장에서 안전관리 업무를 전담하여 수행한다면 위 사용기준 내에서 안전관리자의 월 급여 전액을 산업안전보건관리비로 사용할 수 있습니다.

(산안(건안) 68307-10235, 2001.06.02.)

관련 규정

고시 제7조(사용기준)

① 도급인과 자기공사자는 안전보건관리비를 산업재해예방 목적으로 다음 각 호의 기준에 따라 사용하여야 한다.

　1. 안전관리자·보건관리자의 임금 등

　　가. 법 제17조제3항 및 법 제18조제3항에 따라 안전관리 또는 보건관리 업무만을 전담하는 안전관리자 또는 보건관리자의 임금과 출장비 전액

산업안전보건법 제17조(안전관리자)

③ 대통령령으로 정하는 사업의 종류 및 사업장의 상시근로자 수에 해당하는 사업장의 사업주는 안전관리자에게 그 업무만을 전담하도록 하여야 한다.

해설

현행 고시 제7조는 산업안전보건법 제17조제3항에 따른 전담 안전관리자의 임금을 전액 안전보건관리비로 사용할 수 있도록 규정하고 있

다. 이때 법에서 정하는 전담 안전관리자를 두어야 하는 의무가 있는 사업장의 안전관리자여야 하는지가 문제가 될 수 있는데, 선임의무가 없는 현장이라도 사용할 수 있도록 하는 것이 안전관리자를 두도록 하여 안전관리 강화를 촉진한다는 의미에서 합리적이다.

따라서 현행 규정상으로도 안전관리자의 선임의무가 있는 공사현장인지에 상관없이 안전관리 업무만을 전담하기 위해 선임된 유자격 안전관리자의 인건비는 안전보건관리비로 전액 사용할 수 있다고 판단된다.

Q42. 공사기간이 짧은 경우 안전관리비(카메라, VTR 등)의 손료처리 가능 여부

질의

산업안전보건관리비의 항목별 사용내역에 있어 안전시설비, 안전장구, 안전보건 교육기자재 등에 속하는 안전휀스, 카메라, VTR 등 비품인 경우 다음과 같은 설이 있어 질의하오니 회시 바라며, 손료처리의 경우 그 기간에 따른 기준은 어떠한지요?

〈갑설〉 사용기간에 관계없이 전액 안전관리비로 처리하여야 한다.
〈을설〉 사용기간이 짧은 경우 그 기간에 따라 손료처리함이 타당하다.

회시

산업안전보건관리비라 함은 건설공사에 있어서 산업재해의 예방을 위하여 건설업 산업안전보건관리비 계상 및 사용기준(노동부고시 제2001-22호, 2001.02.16.) 별표 2 안전관리비의 항목별 사용내역 및 기준에 규정된 사항의 이행에 필요한 비용을 말하는 것으로 이때 구입비용은 손료 개념을 적용하지 않습니다.

따라서, 귀 현장에서 구입한 안전용품 등에 대해서도 사용기간과 상관없이 구입비용 전액을 산업안전보건관리비로 사용할 수 있습니다.

(산안(건안) 68307-10360, 2001.08.02.)

해설

특정한 공사현장을 대상으로 계상된 안전보건관리비로 구입한 안전시설 자재, 용품 등에 대해서 해당 현장의 공사기간에 대해서 손료 처리하는 것이 일견 합리적으로 보인다. 그러나 현실적으로 손료 처리를 위한 회계상 어려움이 존재하고 지도감독하기도 쉽지 않아 해당 고시에서는 공사기간에 상관없이 구입비 전액을 인정하고 있다.

안전보건관리비로 구입한 안전시설 자재 등은 다른 현장으로 전용하여 사용하는 것이 바람직하고, 이 경우에 전용하는 현장에서는 자재 자체에 대한 구입비로는 사용할 수 없고 운반비 등 전용하는 데 필요한 부대비용은 사용할 수 있다는 것이 고용노동부의 입장이다.

Q43. 타워크레인 승강장치의 안전장치를 추가로 설치 시 안전관리비 사용가능 여부

질의

타워크레인 탑승, 지하작업 등 근로자의 고소작업 장소 이동 시 추락 방지를 위해 타워크레인 마스터 내부 또는 고소작업 사다리 측면 등에 설치하여 권상기에 연결된 와이어로우프가 부착된 운반구에 근로자가 탑승, 이동할 수 있는 아래의 추락방지장치(와이어로우프식 건설용리프트)를 타워크레인 설치 후 추가로 설치 시 안전장치(14종)의 구입비를 산업안전보건법에 의한 건설업산업안전보건관리비 사용대상 여부는 어떠한지요?

회시

건설업 산업안전보건관리비 계상 및 사용기준(노동부고시 제2001-22호, 2001.02.16.) 별표 2 안전관리비의 항목별 사용내역 및 기준 항목 2(안전시설비 등)에 의하면 로울러기, 승강기, 크레인, 리프트, 곤도라, 데릭 등의 비상정지장치, 권과방지장치, 과부하방지장치 등 각종 안전장치의 구입·수리에 필요한 비용은 산업안전보건관리비로 사용이 가능하다고 규정을 하고 있습니다.

따라서, 귀 질의의 타워크레인 탑승용 리프트에 설치하는 낙하방지장치, 과부하방지장치 등이 작업자의 안전한 이동을 위하여 기 설치되어 있는 리프트에 추가로 설치하는 안전장치에 해당한다면 동 장치의 설치에 소요되는 비용은 산업안전보건관리비로 사용이 가능합니다.

(산안(건안) 68307-10635, 2001.12.28.)

관련 규정

고시(제2022-43호) 제7조제1항

2. 안전시설비 등

가. 산업재해 예방을 위한 안전난간, 추락방호망, 안전대 부착설비, 방호장치(기계·기구와 방호장치가 일체로 제작된 경우, 방호장치 부분의 가액에 한함) 등 안전시설의 구입·임대 및 설치를 위해 소요되는 비용

해설

현행 고시 제7조에도 방호장치(기계·기구와 방호장치가 일체로 제작된 경우, 방호장치 부분의 가액에 한함) 등 안전시설의 구입·임대 및 설치를 위해 소요되는 비용을 안전보건관리비로 사용할 수 있도록 정하고 있다. 방호장치가 기계·기구와 일체로 제작된 경우에는 방호장치 부분에 한해서 사용이 허용된다.

따라서 기존의 리프트에 추가로 설치하는 방호장치 설치비용은 그 부분에 한해서 안전보건관리비로 사용이 가능하다.

Q44. 안전시설물 임차비용을 안전관리비로 사용할 수 있는지

질의

1. 안전가시설물(난간대 등)에 대한 가설전문업체에서 신제 또는 구제를 임차하여 사용 시 임차비용이 산업안전보건관리비의 안전시설비로 사용가능한가요?

2. 안전가시설물(난간대등)을 구입하여 회사 자체적으로 전용 등으로 사용 시 안전관리비 사용가능한가요?

회시

1. 현행 규정상 안전시설물 등의 설치 시 소요되는 가설기자재의 비용에 대해 손료는 인정하지 않고 있으나, 이를 임차하는 경우 임차비용은 산업안전보건관리비로 사용이 가능합니다.

2. 안전시설물 설치 시 산업안전보건관리비로 사용이 가능한 경우는 당해 자재의 구입비용을 말하는 것으로, 이를 다른 현장에서 전용하는 경우에는 그 자재비(전용하는 데 소요되는 운반비, 설치비 등은 사용가능)는 산업안전보건관리비로 사용할 수 없습니다.

(산안(건안) 68307-10028, 2002.01.24.)

해설

안전시설에 소요되는 자재는 구입비용을 전액 안전보건관리비로 인정하고 있으나 다른 현장에서 전용하는 경우 자재비 자체는 인정하지 않고 수반되는 운반비 등만 인정하고 있다. 이는 자재를 최초로 구입할 때만 인정함으로써 자재비의 이중 지급을 방지하려는 취지가 배경에 깔려있다고 보아야 한다.

자재를 임차하여 사용하는 경우에는 이중 지급 문제가 발생하지 아니하므로 안전시설 설치에 필요하다면 안전보건관리비로 사용을 허용하고 있다.

Q45. 건설체험교육장 임차비용을 안전관리비로 사용가능 여부

질의

1. 체험교육장 사용목적으로 임대한 부지의 임대료를 안전관리비로 사용가능한가요?

2. 체험교육장 주변의 가설울타리와 바닥 콘크리트 타설비용도 안전관리비로 사용가능한가요?

회시

건설업 산업안전보건관리비 계상 및 사용기준(노동부고시 제2001-22호, 2001.02.16.) 별표 2 안전관리비의 항목별 사용내역 및 기준 항목 5(안전보건교육비 및 행사비 등)에 의하면 건설현장에서 안전보건교육장을 설치하는 경우 그 소요비용은 산업안전보건관리비로 사용이 가능하다고 규정을 하고 있습니다.

1. 귀 현장에서 근로자들의 안전보건 증진을 위하여 설치하는 체험교육장이 현장부지의 협소 등으로 현장 내에 설치가 어려워 부득이

당해 공사와 연관되는 장소에서 당해 현장 소속 근로자들의 체험 교육을 목적으로 설치하는 경우라면 교육장설치에 소요되는 건물 및 부지 등의 임차비용은 산업안전보건관리비로 사용이 가능하다고 사료되며,

2. 교육장과 부대하여 설치되는 가설울타리 및 교육장 바닥 콘크리트 타설비용 등도 산업안전보건관리비로 사용이 가능하다고 사료됩니다.

(산안(건안) 68307-100500, 2002.02.04.)

해설

안전보건교육장의 설치비용에는 건물, 부지, 부대시설에 필요한 비용이 포함된다는 것이 고용노동부의 입장이다. 그러나 고정자산을 취득하는 목적으로는 안전보건관리비의 사용을 허용하지 않고 있다. 따라서 건물이나 부지 등을 구입하는 것은 안전보건관리비로 사용이 불가하고, 공사현장에서 안전보건교육에 필요한 기간 내에서 임차하는 비용은 허용이 된다.

Q46. 부대입찰 시 원·하도급자 간의 안전관리비 사용

질의

조달청에서 발주한 공사를 부대입찰로 낙찰되어 건설회사와 계약을 하였으며 당사는 설비업체로서 현재 시공을 하고 있습니다. "갑" 측인 건설회사에서 안전관리를 한다는 명목상으로 안전관리비를 쓰지 못하게 하고 있으며 당사에서 구입한 물건값도 기성에서 안전관리비를 포함하지 않아 현장 안전상의 문제가 발생하고 있는데 이 문제를 어떻게 풀어야 하는가요?

회시

산업안전보건법 시행규칙 제32조제1항[19]의 규정에 의하면 수급인 또는 자체사업을 행하는 자가 사업의 일부를 타인에게 도급하고자 하는 때에는 도급 금액 또는 사업비에 계상된 산업안전보건관리비의 범위 안에서 그의 수급인에게 당해 사업의 위험도를 고려하여 적정하게 산업안전보건관리비를 지급하여 사용할 수 있다고 규정되어 있습니다.

---

19 현행 산업안전보건법 시행규칙 제89조.

따라서, 귀 하도급공사의 경우도 원도급사로부터 일정금액을 지급 받아 직접 사용하거나 원도급사가 직접 귀사의 작업과 관련하여 안전시설 등을 설치하여 줄 수 있다고 사료되는 바, 위 사항이 제대로 이행되지 않아 안전관리상 문제가 발생하는 경우라면 동 사실을 관할 지방노동관서 산업안전과에 통보하여 적절한 조치를 받을 수 있을 것으로 사료됩니다.

(산안(건안) 68307-10201, 2002.05.11.)

해설

도급업체와 하도급업체 간에 안전보건관리비 사용에 관한 산업안전보건법령상 기본원칙은 하도급업체에 적정하게 배분하여 사용토록 하는 방법과 아예 도급업체에서 하도급업체에 필요한 안전시설 등을 직접 설치해주는 방법을 선택적으로 적용할 수 있게 하고 있다.

그런데 안전보건관리비의 배분도 이루어지지 않고 안전시설 등을 직접 설치하지도 않는 경우가 발생하는 문제가 있다. 명백히 부당한 처사이지만 현실적으로 지도감독이나 시정조치가 용이하지 않은 측면이 있다.

우선 하도급 계약 시에 안전시설 설치 등을 누가 할 것인가를 명확히 정하는 것이 필요해 보이고, 나아가 하도공사비에 대한 안전보건관리비 계상을 강제하는 방법 등을 검토할 필요가 있다는 생각이 든다.

질의

원청에서 일정금액을 하도급회사에게 안전관리비로 지급하고 있는데, 하도급 회사에게 안전화를 지급하라고 했더니 보호구가 성능검정품이기는 하지만 너무나 싸고 불편한 안전화를 지급하고 있어서 조금 비싸지만 편한 안전화를 지급하라고 지시할 수 있는지요?

회시

산업안전보건법 제15조에 의거 사업주가 선임하는 안전관리자는 안전보건관리책임자의 업무 중 안전에 관한 기술적인 사항에 대하여 안전보건관리책임자를 보좌하고 관리감독자 등에 지도·조언 등의 업무를 수행하는 자를 말하고, 동법 제13조 및 시행령 제9조에 의하여 선임된 안전보건관리책임자는 안전보건에 관련되는 방호장치 및 보호구 구입 시 적격품 구입여부 확인을 포함하여 동조 제1항 각호의 업무를 수행하는 등 당해 사업에서 실질적으로 그 사업을 총괄관리하는 자를 말합니다.

하도급공사를 포함하여 선임된 원도급업체 소속 안전관리자는 하도급업체에 대해서도 보호구의 적격품 선정 등 안전보건관리책임자에게 보좌 및 조언 등의 업무를 수행할 수 있다고 사료되나, 하도급업체에서 성능검정품인 보호구를 근로자들에게 지급한 경우라면 이와 다른 제품을 구입토록 강제할 수는 없다고 사료됩니다.

(산안(건안) 68307-10416, 2002.09.04.)

관련 규정

고시 제7조(사용기준)

① 도급인과 자기공사자는 안전보건관리비를 산업재해예방 목적으로 다음 각 호의 기준에 따라 사용하여야 한다.

   3. 보호구 등

      가. 영 제74조제1항제3호에 따른 보호구의 구입·수리·관리 등에 소요되는 비용

법 제74조(안전인증대상기계등)

① 법 제84조제1항에서 "대통령령으로 정하는 것"이란 다음 각 호의 어느 하나에 해당하는 것을 말한다.

   3. 다음 각 목의 어느 하나에 해당하는 보호구

      가. 추락 및 감전 위험방지용 안전모

      나. 안전화

      다. 안전장갑

(이하 생략)

해설

회사의 내용대로 원도급업체에서 하도급업체의 보호구가 적합한지에 대해서 확인할 수 있는 권한이 있다고 보이나, 이는 법령에서 정한 보호구의 규격에 맞는지 등에 한정되는 것이지 어떤 제품을 사용해야 하는 데까지 미치지는 않는다고 보인다.

고시 제7조에서 산업안전보건법 시행령 제74조에서 정하는 보호구의 구입 등에 소요되는 비용을 사용할 수 있다고 정하고 있어서 보호구의 경우 안전인증을 받은 제품이어야 안전보건관리비로 사용할 수 있다고 해석된다. 이 조항에서 정하는 품목에 안전화가 포함되어 있으므로 안전화가 안전인증을 받은 제품인 경우에 적합한 보호구라고 판단해야 한다고 생각된다.

질의

1. 근로자 휴게소 내부에 난방시설 설치, 유지비용을 안전관리비로 사용가능한가요?

2. 도로공사 등 발주처가 있는 경우 공사준공 시 안전관리비를 사용하지 못하였을 경우 감리자나 공사감독 등 발주처 관계자의 승인을 득한 후 발주처에 잔액을 반납하면 산업안전보건법 위반으로 과태료 부과 등의 제재를 받을 수 있나요?

회시

1. 건설업 산업안전보건관리비 계상 및 사용기준(노동부고시 제2002-15호, 2002.07.22.) 별표 2 안전관리비의 항목별 사용내역 및 기준항목 6(근로자의 건강관리비 등)에 의하면 작업 중 혹한·혹서 등으로부터 근로자를 보호하기 위한 간이 휴게시설의 설치비용은 산업안전보건관리비로 사용가능하다고 규정되어 있는바, 위의 간이 휴게소에 설치하는 냉·난방시설의 설치비용 및 유지비(유선상 확인한 바에 의하면 "유류비")

는 산업안전보건관리비로 사용할 수 있습니다.

2. 동 기준 제8조(목적 외 사용금액에 대한 감액 등)에 의거 당해 공사에 계상
   된 산업안전보건관리비를 공사 수행기간 적법하게 사용하고도 금
   액이 남아 발주자의 요구에 의해 잔여 금액을 반환하였다면 이를
   이유로 과태료 처분을 받지 아니합니다.

(산안(건안) 68307-10508, 2002.11.21.)

   ※ 간이 휴게시설은 여름철 일사병, 겨울철 동상 등의 예방을 위한
      임시 휴게시설로서 복리후생성격의 휴게시설과는 다르고 건축
      물의 일부를 할애하여 휴게시설로 활용하는 것과는 다름

관련 규정

고시 제8조(사용금액의 감액·반환 등)

발주자는 도급인이 법 제72조제2항에 위반하여 다른 목적으로 사
용하거나 사용하지 않은 안전보건관리비에 대하여 이를 계약금액
에서 감액조정하거나 반환을 요구할 수 있다.

해설

안전보건관리비 사용에 대한 규제는 주로 안전보건관리에만 사용, 즉

타목적의 사용을 금하는 데 초점이 맞춰져 있다. 목적 외로 사용하거나 미사용 금액에 대한 처리는 고시 제8조에서 발주자의 권한으로 정하고 있다. 즉 발주자가 감액이나 반환을 요구하면 도급인이 이에 응하여야 하는 구조이다.

따라서 안전보건관리비의 미사용 금액을 발주처에 반납하는 것은 행사법적인 제재의 대상이 전혀 아니다.

Q49. 개인 승용차를 안전순찰차로 사용할 경우 안전관리비 사용

질의

○○시에서 발주한 ○○대교 교체공사현장에서 회사 사정상 안전순찰차량의 구입 또는 렌트가 어려워 개인승용차(가족명의 차량)를 안전순찰차량으로 사용하고 있습니다. 이러한 경우 안전순찰차량의 유류비, 수리비, 소모품 교환비 및 자동차 보험료를 안전관리비로 사용할 수 있는지요?

회시

건설업 산업안전보건관리비 계상 및 사용기준(노동부고시 제2002-15호, 2002.07.22.) 별표 2 안전관리비 항목별 사용내역 및 기준 중 항목 4(사업장의 안전진단비 등)에 의하면 안전관리자용 안전순찰차량의 유류비, 수리비, 소모품교환비, 보험료는 산업안전보건관리비로 사용할 수 있다고 규정되어 있습니다.

이때, 안전순찰차량이라 함은 안전관리자가 안전순찰을 위하여 사용하는 차량을 말하는 것으로 반드시 회사 소속 차량에 한정하고 있지 아니함. 따라서, 귀 질의의 차량이 안전순찰차량에 사용되는 경우라면 그 소유 여부와 상관없이 위에서 규정하고 있는 비용은 산업안전보건관리비로 사용할 수 있습니다.

그러나, 차량보험료의 경우는 차량에 대해 실제 주행거리 등과 상관없이 보험기간에 대해 보험료가 부과되므로, 회사소유 차량 및 임대차량이 안전순찰을 목적으로 사용된다면 당해 기간의 비용을 산업안전보건관리비로 사용할 수 있으나, 개인소유 차량의 경우는 차량의 소유로 인한 보험료는 사용할 수 없고 동 차량을 안전순찰업무에 활용함으로써 추가되는 보험료가 있는 경우 추가 부분에 대해서는 산업안전보건관리비로 사용할 수 있을 것으로 사료됩니다.

(산안(건안) 68307-10525, 2002.12.09.)

관련 규정

고시 제7조(사용기준)

① 도급인과 자기공사자는 안전보건관리비를 산업재해예방 목적으로 다음 각 호의 기준에 따라 사용하여야 한다.

3. 보호구 등

　라. 제1호가목에 따른 안전관리자 및 보건관리자가 안전보건 점검 등을 목적으로 건설공사 현장에서 사용하는 차량의 유류비·수리비·보험료

해설

현행 고시는 별표 2의 사용내역을 폐지하고 제7조제1항제3호 라목으로 전담 안전관리자 및 보건관리자가 안전보건 업무용으로 공사현장에서 사용하는 차량의 유류비·수리비·보험료를 안전보건관리비로 사용할 수 있다고 정하고 있다. 즉 순찰차량은 전담 안전관리자 또는 보건관리자가 사용하여야 하고, 공사현장에서 안전보건 업무용으로 사용함으로써 발생하는 비용에 한하여 안전관리비로 사용할 수 있다. 이때 차량의 소유자가 누구인지는 따지지 않는다.

따라서 개인차량을 사용하는 경우에도 유류비·수리비·보험료를 안전관리비로 처리할 수 있으나 사적인 용도로 사용하는 부분에 대해서는 안전보건관리비 처리가 허용되지 않는다. 현실적으로 구분이 쉽지 않은 면이 있어서 운행일지 등을 갖추어 놓는 것이 바람직해 보인다.

Q50. 가설비계에 추가로 설치하는 안전난간의 안전관리비 사용가능 여부

질의

건설현장에서 작업발판을 설치하기 위한 가설비계는 설계내역에 포함되어 있지만 안전한 작업을 위해서는 물량이 충분하지 못한 것이 우리 건설현장의 현실이고, 안전기준에관한규칙 제378조에 의거 강관비계를 설치한 경우, 장선(1.5~1.8m)과 띠장(1.5m)을 설치하더라도 비계기둥(강관) 사이로 근로자가 작업 중에 추락할 수 있습니다.

따라서, 안전기준에관한규칙 제271조 작업발판의 구조에 의하면 추락의 위험이 있는 장소는 표준안전난간을 설치토록 하고 있는데, 설계내역에 포함되어 있는 가설비계가 충분하지 못해(설계 시 안전난간대용 강관비계는 미계상 되어 있음) 안전기준에관한규칙에 적합한 안전난간을 설치할 수 없는 경우 산업안전보건관리비로 안전난간을 설치할 수 있는지요?

회시

건설업 산업안전보건관리비 계상 및 사용기준(노동부고시 제2002-15호,

2002.07.22.) 제7조에 의하면 안전관리비는 동 기준 별표 2의 사용내역 및 사용기준에 따라 사용하되 공사 설계내역서에 명기되어 있는 사항은 안전관리비로 사용할 수 없다고 규정되어 있습니다.

귀 질의의 추락방지용 안전난간 설치를 위한 자재(단관비계용 강관)가 귀하께서 말씀하신 바와 같이 공사 설계내역에 반영되어 있지 않은 경우라면 동 안전난간 설치를 위한 자재의 구입비용은 산업안전보건관리비로 사용이 가능하다고 사료됩니다.

(산안(건안) 68307-47, 2003.02.21.)

해설

작업을 위해서 설치하는 비계와 작업발판은 안전보건관리비로 사용할 수 없지만 근로자의 추락방지를 위하여 추가로 설치하는 안전난간의 설치비용은 사용할 수 있다. 물론 해당 비용이 공사비 내역에 반영되어 있지 않다는 전제가 따른다.

작업을 위한 것인지 안전을 위한 것인지가 쉽게 판별되지 않은 경우가 있다. 이럴 때는 해당 시설 없이도 작업이 가능한가를 따져보면 판단이 용이해진다. 질의의 경우 작업발판 없이 작업하기 힘들지만, 안전난간이 없어도 작업하는 데는 지장이 없다.

Q51. 유해·위험방지계획서를 외주로 작성하는 경우 산업안전보건관리비로 사용이 가능한지

질의

유해·위험방지계획서를 외부의 전문기관에 용역을 주어 작성하는 경우 이에 소요되는 비용을 산업안전보건관리비로 사용이 가능한 가요?

회시

건설업 산업안전보건관리비 계상 및 사용기준(노동부 고시 제2002-15호, 2002.07.22.) 별표 2 산업안전보건관리비의 항목별 사용내역 및 기준항목 4(사업장의 안전진단비 등)에 의하면 산업안전보건법 제48조 규정에 의한 유해·위험방지계획서의 작성, 심사에 소요되는 비용은 산업안전보건관리비로 사용이 가능한바

동법 제48조 규정에 의한 유해·위험방지계획서를 외부 전문기관에 용역을 주어 작성하는 경우 이에 소요되는 비용은 산업안전보건관리비로 사용이 가능하며 외부 전문기관에 유해·위험방지계획서와 건설기술관리법 제26조의2 규정에 의한 건설공사안전관리계획서를 통합하

여 작성토록 용역을 주는 경우에도 이에 소요되는 비용은 산업안전보건관리비로 사용이 가능하나 이 경우, 건설공사안전관리계획서 작성에 소요되는 비용 만큼은 제외되어야 할 것으로 판단됩니다.

(산업안전과-2449, 2004.04.16.)

해설

2012.02.08. 고시를 개정하여 안전관리비의 사용을 규정하는 방식을 사용가능 항목을 열거하는 방식에서 사용가능 항목을 포괄적으로 정하는 대신에 사용불가항목을 열거하는 네거티브 방식으로 대폭 바꾸었다.

현행 고시에서는 제7조제1항제4호 가목에서 "법 제42조에 따른 유해위험방지계획서의 작성 등에 소요되는 비용"을 안전관리비로 사용할 수 있도록 정하고 있다. 이때 유해위험방지계획서를 직접 작성하는 경우는 물론 전문기관에 외주를 주는 경우에도 그 비용을 안전관리비로 사용할 수 있다.

질의

근로자의 안전교육 이수여부, 개인보호구 지급관리, 질병유소견자 관리 등 근로자의 안전·보건관리를 목적으로 건설안전(전산)관리시 스템을 설치할 경우 산업안전보건관리비로 사용이 가능한지요?

회시

산업안전보건관리비라 함은 건설공사에 있어 근로자의 산업재해 및 건강장해 예방을 위해 건설업 산업안전보건관리비 계상 및 사용기준 (노동부 고시 제 2002-15호) 별표 2 산업안전보건관리비의 항목별 사용내역 및 기준에 규정된 사항의 이행에 필요한 비용을 말하는 것으로 이때 전산관리시스템의 산업안전보건관리비 사용가능 여부도 그 내용 및 활용목적에 따라 판단하여야 합니다.

따라서, 귀 질의와 같이 당해 전산관리시스템(귀 질의의 건설안전관리시스템) 이 근로자의 안전교육 이수 여부, 개인보호구 지급관리, 질병유소견자 관리 등 근로자의 안전·보건관리만을 위한 목적으로 활용되는 경우라면 이를 설치하는데 소요되는 비용은 산업안전보건관리비로 사용이 가능할 것으로 사료됩니다.

(산업안전과-4983, 2004.08.04.)

해설

안전보건관리비의 사용항목에 대해서 고시에서 상세하게 정하고 있으나 그것만으로는 현장에서 발생하는 수많은 상황에 다 대처하기에는 무리가 있다. 그래서 상당한 경우에는 행정해석을 통해서 사용가능 여부를 판단하고 있는 실정이다.

질의의 전산관리시스템의 경우도 이에 해당한다. 고시 별표 2(현행 고시의 제7조)의 사용기준에 안전관리시스템이 사용항목으로 명시되어 있진 않지만 그 목적으로 보아 안전보건관리비로 사용이 가능하다고 유권해석하고 있다.

Q53. 리프트 호출장치를 포함, 임대하여 건설용리프트 운전원을 배치할 경우 산업안전보건관리비를 정산할 수 있는지

질의

리프트 호출장치를 포함, 임대하여 건설용리프트 운전원을 배치할 경우 산업안전보건관리비를 정산할 수 있는지 여부와 리프트 운전원을 전문용역업체와 계약할 경우 산업안전보건관리비 사용 여부는 어떠한지요?

회시

건설업 산업안전보건관리비 계상 및 사용기준(노동부 고시 제2002-15호) 별표 2 산업안전보건관리비의 항목별 사용내역 및 기준 1. 안전관리자 인건비 및 각종 업무수당 등에서 건설용리프트 운전자의 인건비와 2. 리프트 무선호출기·자동운전장치는 산업안전보건관리비에서 사용이 가능하도록 하고 있으며, 기성제품에 부착된 안전장치 비용은 제외하도록 하고 있습니다.

따라서, 귀 질의에서 리프트에 호출장치가 부착되어 임대할 경우에는 호출장치 비용은 산업안전보건관리비에서 사용할 수 없으나 이 경우에도 전담 운전자를 배치할 경우 그 인건비는 산업안전보건관리비에서 사용이 가능합니다.

또한, 리프트 전담운전자를 전문용역업체에서 계약에 의해 사용할 경우에 파견근로자보호등에관한법률 위반 여부는 별개로 하고 당해 운전자의 인건비는 산업안전보건관리비에서 사용이 가능합니다(파견근로자보호등에관한법률 제5조제2항의 규정에 의거 건설공사 현장에서 이루어지는 업무는 파견근로 절대 금지업무임).

(산업안전과-5271, 2004.08.18.)

해설

현행 고시 제7조 사용기준에서 리프트 호출장치를 열거적으로 명시하고 있지는 않으나 방호장치로 보고 사용이 가능할 것으로 보인다.

회시에서 언급한 것처럼 리프트 운전원의 인건비는 안전보건관리비로 사용이 가능하고 이 업무를 도급을 주었을 경우에도 마찬가지이다. 다만 근로자파견법에 의거 건설공사 업무는 파견근로 금지대상이므로 운전원에 대한 업무지시 등이 이루어지는 경우 이 법에 저촉될 우려가 있음을 유의해야 한다.

Q54. 의료시설 사용비가 산업안전보건관리비로 사용이 가능한지

질의

수중공사 시 잠수부의 산소감압의료시설사용료가 산업안전보건관리비로 계상이 되는지 궁금합니다. 수중공사에 있어서 잠수부는 잠수병의 위험에 항상 노출이 되어 있습니다. 표준잠수시간을 지키고 현장에서 감압을 하지만 시간이 많이 걸릴 뿐만 아니라 100% 효과를 얻을 수 없습니다. 의료시설(병원)에 있는 산소감압장치를 정기적으로 이용하여 잠수병의 원인인 체내의 질소를 배출시켜 잠수병을 예방하려고 하는데, 이에 사용되는 의료시설 사용비가 표준산업안전보건관리비로 사용이 가능한지요?

회시

산업안전보건관리비라 함은 건설공사에 있어 근로자의 산업재해 및 건강장해를 예방하기 위해 법령에 규정된 사항의 이행에 필요한 비용을 말하는 것으로, 그 사용은 건설업 산업안전보건관리비 계상 및 사용기준 별표 2 산업안전보건관리비의 항목별 사용내역 및 기준에 의거 사용하도록 하고 있습니다.

귀 질의의 수중공사에 있어 잠수작업에 종사하는 근로자에게 감압을 하기 위한 산소감압장치의 경우, 잠수작업자가 당해 잠수작업을 위해서는 반드시 갖추어야 할 필수장치인 바, 이는 산업안전보건관리비로 사용이 불가할 것으로 사료됩니다.

(산업안전과-6407, 2004.10.12.)

해설

잠수작업 후 감압을 위한 감압장치의 주목적이 작업에 있는지 아니면 안전보건관리에 있는지에 따라 안전보건관리비로 사용가능 여부를 결정해야 할 것이다. 고용노동부는 잠수작업을 위해서는 감압장치가 반드시 필요한 장치이므로 작업이 주목적이라고 보고 있다.

고용노동부 고시인 「고기압 작업에 관한 기준」에 잠수작업 후 감압장치를 사용한 감압방법 외에도 물속에서 감압하는 방법도 규정되어 있다. 또 감압장치는 잠수작업 자체를 위한 것이라기보다는 잠수작업 후에 잠수병을 예방하기 위하여 서서히 감압하는 데 사용되는 장치라고 보인다. 다시 말해 감압장치가 없어도 잠수작업을 할 수 없는 것은 아닌지 다시 생각해 볼 여지가 있다.

Q55. 원도급계약서에는 반영되어 있지 않지만 하도급계약서에는 반영되어 있는 품목을 산업안전보건관리비로 사용가능 여부

질의

1. 건설업 산업안전보건관리비 계상 및 사용기준(노동부 고시 제2005-32호, 2005.12.05.) 제7조제2항 규정의 공사설계내역서란 원도급계약서상의 공사설계내역서를 의미하는지 아니면 하도급계약서상의 공사설계내역서를 의미하는지요?

2. 원도급계약서상의 공사설계내역서에는 안전시설물에 대한 사항이 명기되어 있지 않으나 하도급계약서상의 공사설계내역서에 낙하물방지망 등의 공사내역이 포함되어 있다면 당해 비용을 산업안전보건관리비로 사용이 가능한지요?

회시

1. 건설업 산업안전보건관리비 계상 및 사용기준(노동부 고시 제2005-32호, 2005.12.05.) 제7조의 규정에 의거 수급인 또는 자기공사자는 동 규정 별표 2 산업안전보건관리비의 항목별 사용내역의 사용내역에 따라 산업안전보건관리비를 사용하여야 하고, 별표 2의 사용 내역

에 해당 한다 할지라도 공사설계내역서에 명기되어 있는 사항은 산업안전보건관리비로 사용할 수 없도록 규정하고 있습니다.

2. 이때, 제7조제2항의 규정에 의한 공사설계내역서란 원도급계약서상의 공사설계내역서를 말하는 것으로 귀 질의와 같이 원도급계약서상에 낙하물방지망 등의 공사내역이 명기되어 있지 않다면 당해 비용은 산업안전보건관리비로 사용이 가능할 것으로 사료됩니다.

(산업안전팀-38, 2005.01.03.)

해설

공사설계내역서에 반영되어 있는 사항을 안전보건관리비로 사용할 수 없도록 하는 취지는 가능하다면 공사비의 다른 항목으로 사용하도록 하여 안전보건관리비를 최대한 확보하려는 것과 비용의 이중 지출을 방지하려는 것이다.

원도급 설계내역서에는 반영되어 있지 않고 하도급 설계내역서에만 반영되어 있는 낙하물방지망 등은 원도급자가 확보한 안전보건관리비에 영향을 미치지 않는다. 즉 발주자가 원도급계약 시 계상한 안전보건관리비를 원도급자가 하도급공사의 안전보건관리를 위해 사용하는 것일 뿐이다. 하지만 이때에도 하도급자가 원도급자로부터 안전보건관리비를 지급받은 금액이 있다면 같은 항목에 대해서 이중 지출을 해서는 안 될 것이다.

Q56. 포상금 및 안전관계자의 해외연수비의 산업안전보건관리비 사용가능 여부

질의

1. 본사에서 우수현장을 선정하여 그 현장에 속한 모든 직원들에게 월급에 상당하는 포상금을 지급할 경우 산업안전보건관리비로 사용이 가능한가요?

2. 우수현장의 직원들 중에 안전관리활동이 우수한 직원을 선별하여 해외 우수현장 견학을 시킨다면 이에 소요되는 비용도 산업안전보건관리비로 사용이 가능한가요?

3. 위의 내용이 산업안전보건관리비로 사용이 가능하다면 그 사용증빙은 실행계획 및 실행을 확인할 수 있는 자료만 준비하면 되는지 아니면 본사 회계계정을 집계하거나 기존의 계정에 사용내역이 포함되어야 할 필요는 없나요?

회시

건설업 산업안전보건관리비 계상 및 사용기준(노동부 고시 제2002-15호) 별

표 2 산업안전보건관리비의 항목별 사용내역 및 기준 항목 5(안전보건교육비 및 행사비 등)에 의하면 '안전보건행사장 설치 및 포상비'는 산업안전보건관리비로 사용이 가능토록 규정하고 있는바, 이때 '포상비'라 함은 안전관리활동이 우수하여 무재해 달성 등에 실질적으로 기여한 공이 있는 근로자 등에게 지급하는 격려금을 말하는 것으로 가시적인 수여행위 등 사회통념상 포상이라고 인정되는 경우에 한하여 산업안전보건관리비로 사용이 가능합니다.

1. 따라서, '포상비'는 근로자 중에서 보호구 착용 및 안전수칙 준수 등으로 타 근로자에게 모범이 되어 무재해 달성 등에 기여한 사실이 객관적으로 입증이 가능한 경우에 한하여야 할 것이고, 귀 질의와 같이 본사 차원에서 우수현장을 선정하여 당해 현장의 소속 직원에 대해 일률적으로 월급에 상당하는 포상금을 지급하는 경우 이는 산업안전보건관리비로 사용할 수 없습니다.

2. 다만, 동 고시 항목 5(안전보건교육비 및 행사비 등)에 의하면 '안전관계자(안전보건관리책임자, 안전보건총괄책임자, 안전관리자, 관리감독자, 안전담당자, 영 제45조의2제1항제1호의 규정에 의하여 위촉된 명예산업안전감독관, 본사 안전전담부서 안전전담직원)의 해외견학·연수비'는 산업안전보건관리비로 사용이 가능토록 규정하고 있는바, 귀 질의와 같이 우수현장을 선정하여 당해 현장의 안전관계자를 대상으로 해외 우수현장을 견학하는 경우 당해 비용은 산업안전보건관리비로 사용이 가능할 것으로 사료됩니다.

산업안전보건관리비의 정산방법 및 절차 등에 대해서는 산업안전보건 법령에 별도로 정하고 있지 아니하므로 당해 해외견학을 실시한 사실을 입증할 수 있는 자료(품의서, 견적서 등)를 구비하면 될 것입니다.

3. 또한, 산업안전보건관리비의 본사 사용분(산업안전보건관리비 총액의 2% 이하)에 대한 정산시기 및 방법 등에 대해서도 별도로 정한 바가 없으므로 귀 질의와 같이 실행예산서 등을 통하여 본사 배정분을 확인하되 일괄 정산하는 방법도 가능하고, 현장에서 본사 사용분에 대해 사용내역을 입증할 필요는 없는 것으로 사료됩니다.

(산업안전과-346, 2005.01.17.)

해설

2012년 고시의 안전보건관리비의 사용가능 항목을 일일이 열거하던 별표 2를 삭제하고 사용항목을 본문에 포괄적으로 규정하는 방식으로 변경하였다. 이에 따라 안전관계자의 해외연수비, 포상비 등이 열거 항목에서 빠지게 되었다.

하지만 이는 고시체계를 사용가능 항목을 열거하는 포지티브 방식에서 사용을 금지하는 항목을 열거하는 네거티브 방식으로 전환한 것으로 안전보건관리비 사용에 대한 기존의 기본 입장은 변하지 않았다고 보는 것이 합리적이다.

이때 포상비 등은 그 사용범위나 금액이 사회통념상 인정되는 수준을 넘어서서는 안 된다는 기본 원칙이 적용된다.

Q57. 크레인에 설치하는 감시용 카메라의 산업안전 보건관리비 사용가능 여부

질의

타워크레인을 이용한 자재인양 등의 작업 시 자재의 낙하, 비래 및 충돌 등에 의한 위험을 방지하기 위한 목적으로 크레인의 붐대 끝단에 감시용 카메라를 부착하는 경우 산업안전보건관리비로 사용이 가능한가요?

회시

산업안전보건관리비라 함은 건설공사에 있어 근로자의 산업재해 및 건강장해를 예방하기 위해 법령에 규정된 사항의 이행에 필요한 비용을 말하는 것으로 이때 타워크레인 감시카메라의 산업안전보건관리비 사용가능 여부도 이의 사용목적과 용도에 따라 판단하여야 합니다.

따라서, 귀 질의와 같이 타워크레인을 이용한 자재인양 등의 작업 시 자재의 낙하, 비래 및 충돌 등에 의한 위험을 방지하기 위한 목적으로 당해 크레인의 붐대 끝단에 감시용 카메라를 부착하는 경우라면 당해 비용은 산업안전보건관리비로 사용이 가능할 것으로 사료됩니다.

(산업안전과-2940, 2005.06.13.)

해설

회시 당시의 고시(고시 제2005-6호) 별표 2 사용내역에 "안전감시용 케이블 TV 등에 소요되는 비용"은 안전보건관리비로 사용이 가능하다고 규정되어 있다. 현행 고시는 사용내역을 포괄적으로 규정하고 있어서 감시용 카메라 등이 명시적으로 열거되어 있지는 않지만 그 취지를 고려하면 안전시설비의 항목으로 여전히 사용이 가능하다고 보인다.

Q58. 긴급상황 호출장치의 산업안전보건관리비 사용가능 여부

질의

건설현장에서 차량계 건설기계 등에 의한 충돌재해 등을 방지하기 위한 목적으로 작업지휘자(또는 신호수)와 운전자에게 송·수신기(긴급상황 호출장치)를 지급하는 경우 산업안전보건관리비로 사용이 가능한지요?

회시

산업안전보건관리비라 함은 건설공사에 있어 근로자의 산업재해 및 건강장해를 예방하기 위해 법령에 규정된 사항의 이행에 필요한 비용을 말하는 것으로 이때 긴급상황 호출장치의 산업안전보건관리비 사용가능 여부도 이의 사용목적과 용도에 따라 판단하여야 합니다.

따라서, 귀 질의의 긴급상황호출장치의 경우, 건설현장에서 차량계 건설기계 등에 의한 충돌재해 등을 방지하기 위한 목적으로 작업지휘자(또는 신호수)와 운전자에게 송·수신기(긴급상황 호출장치)를 지급하는 경우라면 당해 비용은 산업안전보건관리비로 사용이 가능할 것으로 사료됩니다.

(산업안전과-3351, 2005.07.05.)

해설

회시 당시의 고시(고시 제2005-6호) 별표 2 사용내역에 "긴급대피방송 등 근로자의 위생 및 긴급피난에 필요한 설비 또는 시설"은 안전보건관리 비로 사용이 가능하다고 규정되어 있다. 현행 고시는 사용내역을 포 괄적으로 규정하고 있어서 "긴급피난에 필요한 설비 등"이 명시적으로 열거되어 있지는 않지만 그 취지를 고려하면 안전시설비의 항목으로 여전히 사용이 가능하다고 보인다.

Q59. 감리단용 안전감시 케이블 TV 설치비용 및 감리단 직원에게 지급하는 안전화 등 개인보호구 구입비용의 산업안전보건관리비 사용가능 여부

질의

1. 현장 내의 위험요소 파악 또는 근로자의 불안전한 행동 등 작업 상황 감시 등을 목적으로 감리단에 안전감시용 케이블 TV를 설치할 경우 당해 비용이 산업안전보건관리비로 사용이 가능한지요?

2. 감리단 직원에게 지급하는 안전화 등 개인보호구 구입비용을 산업안전보건관리비로 사용이 가능한지요?

회시

1. 건설업 산업안전보건관리비 계상 및 사용기준(노동부 고시 제2005-6호) 별표 2 산업안전보건관리비의 항목별 사용내역 항목 2(안전시설비 등)에 의하면 "안전감시용 케이블 TV 등에 소요되는 비용"은 산업안전보건관리비로 사용이 가능토록 규정하고 있습니다.

2. 따라서, 귀 질의와 같이 감리단도 현장 내의 위험요소 파악 또는

근로자의 불안전한 행동 등 작업상황 감시 등을 목적으로 설치하는 경우라면 당해 비용도 산업안전보건관리비로 사용이 가능할 것으로 사료되며, 다만, 감리단 직원에게 지급하는 안전화 등 개인보호구 구입비용은 사용이 불가할 것으로 사료됩니다.

(산업안전과-40, 2005.09.03.)

해설

안전보건관리비의 사용목적은 공사현장 근로자의 안전보건관리를 위한 것이다. 안전감시용 케이블 TV는 그 설치 장소가 감리단 사무실이라 할지라도 근로자에게 닥칠 수 있는 위험상황을 감시하기 위한 것이라면 사용이 가능하다. 그러나 감리직원용 개인보호구는 그 직원의 안전관리를 용품이지 근로자의 안전보건관리를 위한 것이 아니라서 안전보건관리비로 사용이 허용되지 않는다.

Q60. 현장 내 가설도로상에 설치하는 반사경 구입·설치비용이 산업안전보건관리비로 사용이 가능한지

질의

현장 내 가설도로상에 설치하는 반사경 구입·설치비용이 산업안전보건관리비로 사용이 가능한가요?

회시

건설업 산업안전보건관리비 계상 및 사용기준(노동부 고시 제2005-32호, 2005.12.05.) 별표 2 산업안전보건관리비의 항목별 사용내역 항목 2(안전시설비 등)에 의하면 "공사현장에 중장비로부터 근로자보호를 위한 교통안전표지판 및 휀스 등 교통안전시설물"은 산업안전보건관리비로 사용이 가능토록 규정하고 있습니다.

따라서, 귀 질의와 같이 건설장비(굴삭기, 덤프)에 의한 충돌 등의 산업재해를 예방하기 위하여 현장 내 가설도로상의 사각지대에 교통안전시설물(반사경)을 설치하는 경우라면 당해 비용은 산업안전보건관리비로 사용이 가능할 것으로 사료됩니다.

(산업안전팀-752, 2006.02.07.)

해설

이 질의회시에서도 안전보건관리비 사용의 주목적이 무엇인가가 판단의 기준이다. 같은 교통안전시설물이라도 현장 주변에 설치하여 주변교통의 흐름 등을 원활하게 하는 경우에는 사용이 불가하고, 질의처럼 현장 내에 설치하여 근로자의 사고를 방지하기 위한 경우라면 안전보건관리비로 사용이 허용된다.

Q61. 사다리 대용의 안전작업대가 산업안전보건관리비 적용대상인지

질의

공사현장의 사다리 대용으로 개발한 안전작업대가 산업안전보건관리비 적용대상인지요?

회시

건설업 산업안전보건관리비 계상 및 사용기준(노동부 고시 제2005-32호, 2005.12.05.) 별표 2 산업안전보건관리비의 항목별 사용내역 항목 2(안전시설비등)에 의하면 추락재해 예방을 위한 안전난간 설치비용은 산업안전보건관리비로 사용이 가능하나 작업발판은 산업안전보건관리비로 사용할 수 없도록 정하고 있습니다.

따라서, 귀 질의의 안전작업대는 작업에 필수불가결한 작업발판의 기능을 갖고 있으므로 안전작업대 구입비용 전액을 산업안전보건관리비로 사용할 수 없을 것이나 동 작업대의 안전난간을 설치하는 비용은 산업안전보건관리비로 사용할 수 있을 것으로 사료됩니다.

(산업안전팀-1362, 2006.03.27.)

해설

안전보건관리비는 작업에 필요한 시설의 설치에 필요한 비용은 사용이 허용되지 않으나 안전관리를 위하여 이에 추가하여 설치하는 시설에 대해서는 사용을 허용한다. 예를 들어 가설비계에 설치하는 작업발판은 작업을 위한 시설이므로 안전보건관리비로 사용이 불가능하지만 근로자의 추락을 방지하기 위하여 설치하는 안전난간 설치비용은 사용이 가능하다.

질의의 안전작업대의 경우도 마찬가지이다. 안전작업대가 작업에 필요한 사다리의 기능을 하는 부분에 대해서는 사용할 수 없고 추가로 안전난간을 설치하는 비용은 사용이 가능하다.

Q62. 피뢰침 설치비용의 안전보건관리비로 사용가능 여부

질의

크러셔장에 설치하는 피뢰침 설치비용의 산업안전보건관리비로 사용가능 여부 및 설치대상 기준은 어떠한지요?

회시

산업안전보건관리비라 함은 건설사업장에서 근로자의 산업재해를 예방하기 위하여 법령에 규정된 사항의 이행에 필요한 비용으로 산업안전보건법상 피뢰침 설치대상은 산업안전기준에 관한 규칙 제357조에 화학류 및 위험물을 저장하거나 취급하는 시설물로 규정하고 있습니다.

따라서 귀 질의의 크러셔장이 화학류 및 위험물을 저장 또는 취급하는 시설이고 동 피뢰침의 설치비용이 공사설계 내역에 반영되어 있지 아니하다면 동 피뢰침 설치에 소요되는 비용은 산업안전보건관리비로 사용이 가능할 것으로 사료됩니다.

(산업안전팀-2178, 2007.04.26.)

관련 규정

해설

피뢰침 설치비용의 안전관리비로 사용가능 여부는 설치 장소와 그 규
격에 따라 결정된다. "법령 또는 그에 준하여 필요로 하는 안전보건시
설 및 설비"에 해당하는 경우에 사용이 허용되고, 현행 안전보건규칙
제326조에 따르면 피뢰설비의 설치 대상은 화약류 또는 위험물을 저

---

20 현행 고시는 별표 2를 삭제하고 사용항목을 제7조에서 포괄적으로 규정하고 있어 이 비
    용이 명시되지는 않았으나 그 취지로 보아 사용이 가능할 것으로 보임.

장하거나 취급하는 시설물이다. 따라서 안전관리비로 피뢰설비를 설치하려면, 화약류 또는 위험물을 저장하거나 취급하는 시설물을 대상으로 한국산업표준에 적합한 피뢰설비를 설치하여야 한다.

Q63. 신호수 및 구조물설치 신호업무 병행 시 안전보건관리비로 사용가능 여부

질의

1. 고정식크레인 신호수 업무와 철골 설치 신호업무의 병행 시 신호수 인건비를 산업안전보건관리비로 사용가능한가요?

2. 철골조립 작업 시 안전대부착설비 설치에 소요되는 인건비는 어느 부분까지 인정되나요?

3. 신호수 인건비 증빙서류에 있어 작업자의 급여통장사본 및 급여명세표 제출이 합당한가요?

회시

건설업 산업안전보건관리비 계상 및 사용기준(노동부고시 제2007-4호, 2007.02.21.) 별표 2 안전관리비의 항목별 사용내역 항목 1(안전관리자 등의 인건비 및 각종 업무수당 등)에 의한 고정식크레인의 유도 또는 신호자의 인건비와 항목 2(안전시설비 등)에 의한 안전대걸이설비 등 안전시설에 대한 설치 시 인건비는 산업안전보건관리비로 사용이 가능한바,

1. 귀 질의의 고정식크레인의 신호업무 및 철골조립 작업 시 안전대부 착설비 설치에 따른 인건비 산정에 있어 실제 안전대부착설비의 설 치 및 신호수가 고정식크레인과 연계된 신호업무에 소요되는 작업 기간에 대하여 산업안전보건관리비로 그 인건비의 사용이 가능할 것으로 사료되며,

2. 인건비 정산에 있어서는 별도 정한 바가 없으나 실제 투입된 근로 자가 그 작업수행을 증빙할 수 있는 자료(작업량산출서, 작업일보, 임금지급 내역서 등)를 첨부하여 정산에 활용할 수 있다고 판단되므로 귀 질의 의 통장사본 또는 무통장입금내역서, 자동이체내역 및 급여명세표 등도 증빙자료로 활용할 수 있을 것으로 사료됩니다.

(산업안전팀-2266, 2007.05.02.)

관련 규정

고시 제7조(사용기준) 제1항제1호

다. 안전관리자를 선임한 건설공사 현장에서 산업재해 예방 업무만 을 수행하는 작업지휘자, 유도자, 신호자 등의 임금 전액

해설

현행 고시는 회시 당시의 고시 별표 2를 삭제하고 제7조(사용기준)에서

"안전관리자를 선임한 건설공사 현장에서 산업재해 예방 업무만을 수행하는 작업지휘자, 유도자, 신호자 등의 임금 전액"을 안전관리비로 사용할 수 있도록 정하고 있다. 질의의 크레인 신호수 업무와 철골 설치 신호 업무가 정확히 어떻게 구분되는지는 알 수 없으나, 둘 다 크레인 운전자와 작업자에게 작업상황에 대한 정보를 공유하여 크레인의 운전에 있어서 안전을 확보하려는 취지로 보인다. 따라서 질의의 공사현장이 안전관리자를 선임한 현장이고 안전확보 취지라면 신호수의 인건비 전액을 안전관리비로 지급할 수 있다고 생각된다.

Q64. 비상용 방송설비 설치비의 산업안전보건관리 비로 사용가능 여부

질의

화재사고 발생 등 긴급사항 발생 시 사용하는 비상용 방송설비 설치비를 산업안전관리비로 사용가능한가요?

회시

건설업 산업안전보건관리비 계상 및 사용기준(노동부고시 제2007-4호, 2007.02.21.)에 의하면 건설업 산업안전보건관리비라 함은 건설사업장 등에서 근로자의 산업재해예방을 위해 법령에 규정된 사항의 이행에 필요한 비용으로 동 고시 별표 2 안전관리비의 항목별 사용내역에는 근로자들의 긴급피난에 필요한 설비 또는 시설비를 산업안전보건관리비로 사용할 수 있다고 규정하고 있는바,

귀 질의의 경우 화재 등 비상사태 발생 시 긴급대피방송 등 작업자들의 안전한 대피를 위해 필요한 설비 또는 시설이라면 동 비용은 산업안전보건관리비로 사용이 가능할 것으로 사료됩니다. 다만, 작업장간의 상호 업무연락, 작업상황 파악 등 통상적인 통신수단으로 활용되

는 방송·통신시설 또는 설비는 산업안전보건관리비로 구입이 불가합니다.

(산업안전팀-4530, 2007.09.14.)

해설

이 질의회시에서도 설비의 주목적이 무엇인가가 쟁점이 된다. 긴급피난에 필요한 방송설비를 설치하고 작업자의 호출 등 다른 목적으로 안내방송을 할 수도 있을 것이다. 이를 일일이 따져 사용여부를 판단하기는 현실적으로 쉽지가 않다. 안전보건관리비가 최소한의 비용을 정한 것이라는 점을 감안하여, 주목적이 작업을 위한 것이라고 판단되면 공사비의 다른 항목으로 사용하려는 노력이 필요하다.

Q65. 안전관리자가 없는 현장의 안전순찰차량 유류비의 안전보건관리비 사용가능 여부

질의

안전관리자가 선임되지 않은 택지개발 현장에서 안전순찰 전용 차량의 유류비를 안전관리비로 사용가능한가요?

회시

건설업 산업안전보건관리비 계상 및 사용기준(노동부고시 제2007-4호, 2007.02.21.) 별표 2 안전관리비의 항목별 사용내역 항목 4(사업장의 안전진단비 등)에 의하면 안전관리자용 안전순찰차량의 유류비, 수리비, 소모품교환비, 보험료에 대하여 산업안전보건관리비로 사용이 가능하다고 규정하고 있습니다.

이때 안전순찰차량이라 함은 안전관리자가 안전순찰을 위하여 사용하는 차량을 말하는 것으로, 안전관리자가 선임되어 있지 않은 경우 안전순찰차량의 유류비 등은 산업안전보건관리비로 사용이 불가능합니다.

(산업안전팀-5307, 2007.11.15.)

해설

현행 고시(고용노동부고시 제2022-43호) 제7조에서도 "안전관리자 및 보건관리자가 안전보건 점검 등을 목적으로 건설공사 현장에서 사용하는 차량의 유류비·수리비·보험료"를 안전보건관리비로 사용이 가능하다고 명백하게 규정하고 있어서, 그 외의 사람이 사용하는 점검차량의 유류비 등은 사용이 불가능하다고 판단된다.

안전관리자 선임의무 공사(공사금액 50억 원 이상)가 아닌 현장의 규모가 작아서 순찰차량의 필요성이 없을 가능성, 안전보건관리비의 효율적인 사용 등을 고려한 취지로 이해되면서도, 안전점검이라는 차량 운행의 목적이 같은데도 안전관리자 선임여부에 따라 사용을 제한하는 것은 명분이 약해 보인다. 왜냐하면, 질의처럼 택지개발 공사, 도로 유지보수 공사 등 공사금액은 작아도 현장의 범위가 넓은 경우에 안전관리자 선임여부에 상관없이 순찰차량를 유지하기 위한 비용이 필요할 수도 있기 때문이다.

Q66. 법에 규정한 타워크레인 검사 외 추가로 실시한 검사비를 안전보건관리비로 사용가능 여부

질의

타워크레인 안전성 강화를 위해 법에서 규정한 점검이 외 추가하여 검사기관에 의뢰하여 검사를 받는다면 이에 소요되는 검사비용은 안전관리비로 처리가 가능한가요?

회시

건설업산업안전보건관리비 계상 및 사용기준(노동부고시 제2007-4호, 2007.02.21.)에 의하면 안전관리비의 항목별 사용내역에서 법 제34조의 규정에 의한 크레인·리프트 등 기계·기구의 완성검사·정기검사 등에 소요되는 비용으로 지정검사기관에 의뢰하여 지급한 비용은 산업안전 보건관리비로 사용이 가능합니다.

따라서 귀 현장에 설치된 타워크레인의 안전성을 강화하여 근로자들의 재해예방을 위한 목적으로 법에 규정된 검사 또는 점검 외 추가로 지정된 검사기관에서 검사 또는 점검을 받는 경우라면 이에 소요되는 비용은 산업안전관리비로 사용이 가능하다고 사료됩니다.

(산업안전팀-5431, 2007.11.29.)

해설

안전관리비의 사용은 그 목적이 근로자의 안전보건관리에 있느냐에 따라 허용여부가 결정된다. 이때 산업안전보건법령에서 정한 의무의 범위 내인가는 따지지 않는다. 법적 의무가 없는데도 안전관리자를 선임했을 때 그 인건비, 기술지도 대상이 아닌데도 기술지도를 받았을 때 수수료 등을 안전보건관리비로 그 비용을 처리할 수 있는 것과 맥락을 같이 한다.

질의

건설현장 근로자의 추락방지를 위해 "안전대가 일체화된 작업복"
을 제작 · 보급할 예정인 바, 산업안전보건관리비로 구입이 가능한
가요?

회시

건설업 산업안전보건관리비 계상 및 사용기준(노동부고시 제2007-4호,
2007.02.21.) 별표 2 안전관리비의 항목별 사용내역 항목 3(개인보호구 및 안
전장구 구입비 등)에는 안전대, 안전모 등 안전보호구의 구입 등에 소요되
는 비용은 산업안전보건관리비로 사용이 가능토록 규정하고 있으며,
산업안전보건법 제35조(보호구의 검정)에 따르면 근로자의 작업상 필요한
보호구인 안전모, 안전대, 안전화 등 보호구를 제조 또는 수입하고자
하는 자는 노동부장관이 실시하는 검정을 받아야 하는바,

귀 질의의 안전대(조끼가 부착된 일체형 안전대)가 추락에 의한 위험을 방지하
기 위한 것으로서 노동부장관이 실시하는 보호구 성능검정 결과 합격

한 경우라면 동 제품의 구입비는 산업안전보건관리비로 사용할 수 있을 것입니다.

(산업안전팀-355, 2008.01.31.)

해설

'안전대가 일체화된 작업복'을 안전대로 볼 것인가 작업복으로 볼 것인가에 따라 안전보건관리비로 사용가능 여부가 결정된다. 그런데 회시의 내용처럼 안전대는 검정을 받아야 되고 작업복 일체형 안전대라고 해도 예외일 수 없다. 따라서 안전대에 대해 보호구로서 성능검정을 받는다면 이는 작업복이라기보다는 안전대의 기능이 주라고 보는 것이 합리적일 것이다.

Q68. 간호사급여, 냉장고 등 건강관리실 설치비용을 산업안전보건관리비로 사용가능 여부

질의

1. 간호사급여, 퇴직급여충당금, 정기상여금과 사무실임차료(자립컨테이너 등 가설사무실 임차비용), 응급치료용 진열대, 간호사 업무용 컴퓨터 및 프린터, 환자상담용 소파 및 테이블, 냉장고, 화이트보드 등 산업안전보건관리비로 사용이 가능한가요?

2. 응급구조사 자격증 취득자 채용하여 응급처치 및 건강상담하는 경우 응급구조사 인건비를 산업안전보건관리비 사용이 가능한가요?

회시

건설업 산업안전보건관리비 계상 및 사용기준(노동부고시 제2008-67호, 2008.10.22.) 별표 2 안전관리비의 항목별 사용내역 항목 1(안전관리자 등 인건비 및 각종업무수당 등) 및 6(근로자의 건강관리비 등)에 의하면 보건관리자 및 건강관리실 설치비용 등은 산업안전보건관리비로 사용이 가능하다고 규정하고 있는바,

1. 보건관리자는 산업안전보건법 시행령 제18조의 규정에 의한 자격을 갖춘 자를 사업주가 지방노동관서에 전담 보건관리자로 선임 보고한 날 이후부터 발생한 인건비(임금과 당해현장에서 근무하는 기간동안의 퇴직급여충당금)와 보건관리자가 사용하는 컴퓨터, 프린터 등 업무용 기기는 산업안전보건관리비로 사용이 가능하며 건강관리실 설치를 위한 사무실 임차료(자립컨테이너 등 가설사무실 임차비용), 환자상담용 소파, 약품보관용 냉장고, 화이트보드, 약품진열대, 간호사 업무용 책상 구입비는 산업안전보건관리비로 사용이 가능하나

2. 응급구조사 인건비는 산업안전보건관리비로 사용이 불가하다고 사료됩니다.

(안전보건지도과-3417, 2008.11.12.)

관련 규정

고시 제7조(사용기준)

① 도급인과 자기공사자는 안전보건관리비를 산업재해예방 목적으로 다음 각 호의 기준에 따라 사용하여야 한다.
   1. 안전관리자·보건관리자의 임금 등
      가. 법 제17조제3항 및 법 제18조제3항에 따라 안전관리 또는 보건관리 업무만을 전담하는 안전관리자 또는 보건관리자의 임금과 출장비 전액
      나. 안전관리 또는 보건관리 업무를 전담하지 않는 안전관리자 또는 보건관리자의 임금과 출장비의 각각 2분의 1에 해당하는 비용

다. 안전관리자를 선임한 건설공사 현장에서 산업재해 예방 업무만을 수행하는 작업지휘자, 유도자, 신호자 등의 임금 전액

라. 별표 1의 2에 해당하는 작업을 직접 지휘·감독하는 직·조·반장 등 관리감독자의 직위에 있는 자가 영 제15조제 1항에서 정하는 업무를 수행하는 경우에 지급하는 업무수당(임금의 10분의 1 이내)

해설

현행 고시(고용노동부고시 제2022-43호) 제7조에서도 회시 당시의 고시와 같이 안전보건관리비에서 임금을 지급할 수 있는 자를 명시적으로 열거하고 있다. 따라서 이에 열거되지 아니한 응급구조사 인건비는 사용할 수 없다. 건강관리실 설치비용에 대해서는 회시 당시의 고시와 달리 현행 고시에서는 명시적으로 열거하고 있지 않으나 이는 규제방식을 열거방식에서 네거티브방식으로 바꾼 데 따른 것으로 여전히 사용이 가능하다고 판단된다.

Q69. 산업안전보건관리비로 건설안전 컨설팅을 하는 경우 외부 안전전문가 범위

질의

건설업체에서 자율안전관리 일환으로 산업안전보건관리비로 외부 안전전문가를 초빙하여 안전점검, 안전진단 등 건설안전컨설팅을 실시하고 있는데 외부 안전전문가 또는 전문기관의 전문기관의 범위는 어떠한지요?

회시

산업안전보건관리비는 건설공사에 있어 근로자의 산업재해 및 건강장해를 예방하기 위하여 법령에 규정된 사항의 이행에 필요한 비용을 말하는 것으로 건설업 산업안전보건관리비 계상 및 사용기준(노동부고시 제2008-67호, 2008.10.22.) 별표 2 안전관리비의 항목별 사용내역 항목 4 (사업장의 안전진단비 등)에 안전보건진단 및 외부 안전전문가 초빙 안전 또는 보건진단은 산업안전보건관리비로 사용이 가능하며,

외부 안전전문가는 건설안전분야 대학교수, 건설안전기술사, 산업안전지도사(건설분야), 건설안전(산업)기사 등으로 건설안전 실무경력이 있는

건설안전분야 전문가(전기공사인 경우 전기안전기술사 등 전기안전분야 전문가)를 말하여, 안전보건진단기관은 산업안전보건법 제49조에 따라 지정을 받은 기관을 말합니다.

(안전보건지도과-616, 2009.01.15.)

관련 규정

고시(고용노동부 고시 제2022-43호) **제7조**(사용기준)

① 도급인과 자기공사자는 안전보건관리비를 산업재해예방 목적으로 다음 각 호의 기준에 따라 사용하여야 한다.

4. 안전보건진단비 등

　　가. 법 제42조에 따른 유해위험방지계획서의 작성 등에 소요되는 비용

　　나. 법 제47조에 따른 안전보건진단에 소요되는 비용

　　다. 법 제125조에 따른 작업환경 측정에 소요되는 비용

　　라. 그 밖에 산업재해예방을 위해 법에서 지정한 전문기관 등에서 실시하는 진단, 검사, 지도 등에 소요되는 비용

해설

회시 당시의 고시(노동부고시 제2008-67호) 별표 2에 사용가능내역으로 "외부 안전전문가 초빙 안전보건진단"로 규정되어 있을 뿐 '안전전문가'가 누구를 말하는지를 따로 정하지 않고 있고, 위에서 보는 것처럼 현

행 고시에도 외부 안전전문가에 대한 정의 규정이 없다. 회시에서 언급한 안전전문가는 규정에 근거해서 한 열거적인 성격이라기보다는 예시적인 것이라고 보아야 한다. 따라서 이에 준하는 전문성을 갖춘 경우에는 허용이 된다고 보는 것이 합리적이다.

Q70. 외부자동심장충격기의 산업안전보건관리비 사용가능 여부

질의

AED(외부자동심장충격기)의 구입비용을 산업안전보건관리비로 사용이 가능한가요?

회시

건설업 산업안전보건관리비 계상 및 사용기준(노동부고시 제2008-67호, 2008.10.22.) 별표 2 안전관리비의 항목별 사용내역 항목6(근로자의 건강관리비 등)에 의하면 구급기재 등에 소요되는 비용은 산업안전보건관리비로 사용이 가능하도록 규정하고 있습니다.

귀 질의의 AED(외부자동심장충격기)는 건설현장에서 근로자들의 심장박동 정지 등 위급한 상황에서 심폐소생 실시로 근로자의 돌연사 등을 예방하기 위한 응급처치에 필요한 구급기재로 판단됨으로 안전관리비로 사용이 가능할 것으로 사료됩니다.

(안전보건지도과-721, 2010.04.16.)

해설

현행 고시상으로는 제7조 사용기준에서 정하는 "법·영·규칙에서 규정하거나 그에 준하여 필요로 하는 각종 근로자의 건강장해 예방에 필요한 비용"에 해당한다고 보아 사용이 가능하다고 판단된다.

Q71. 내부 바닥청소작업에 분진집진차 이용 시 안전 관리비 사용가능 여부

질의

건물내부 바닥청소작업 시 분진집진차를 이용하여 청소할 경우 이에 소요되는 비용을 안전관리비로 집행할 수 있는지요?

회시

건물내부 바닥청소작업 시 분진집진차에 소요되는 비용은 근로자의 건강장해를 예방하기보다는 현장 청소 및 대기환경오염을 방지하기 위한 시설로 볼 수 있으므로 안전관리비를 사용할 수 없으며, 다만 분진의 비산으로 인한 건강장해를 예방하기 위하여 근로자에게 지급하는 방진마스크 및 환기가 불충분한 장소의 환기설비에 대해서는 산업안전보건관리비로 사용할 수 있을 것입니다.

(산안(건안) 68307-242, 2000.03.22.)

해설

이 질의에서도 장비나 행위의 주목적이 어디에 있느냐가 쟁점이 된다. 위 바닥 청소작업에서 분진집진차를 사용하는 것은 그 자체가 바닥에 있는 먼지 등을 흡입함으로써 청결하게 하기 위한 목적이 크다고 보인다. 이 작업으로 인해 발생하는 먼지로 인한 근로자의 건강장해를 방지하기 위한 보호구나 설비 설치에 소요되는 추가 비용은 안전보건 관리비로 사용이 가능하다.

Q72. 가설발판 및 계단, 수해방지 또는 제빙용 모래 주머니의 안전관리비 사용가능 여부

질의

흙막이 공사 후 작업저면으로 내려가기 위한 가설발판 및 계단의 설치비용을 안전관리비로 사용할 수 있는지, 수해방지 또는 제빙용 모래와 주머니를 안전관리비로 집행할 수 있나요?

회시

산업안전보건관리비는 산업안전보건법시행규칙 제32조제2항의 규정에 의거 근로자의 산업재해 및 건강장해예방에 사용하도록 되어 있습니다.

따라서, 귀 질의의 가설계단은 근로자가 작업장으로 이동하기 위한 설비로써 작업상 필요한 설비이므로 동 시설물의 제작비용 중 추락방지용 안전난간설치에 소요되는 비용을 제외한 나머지 비용은 산업안전보건관리비에서 사용할 수 없으며 우기대비 수방방지용 모래 및 주머니는 근로자의 산업재해예방을 위하여 사용되는 것이라면 안전관리비로 사용할 수 있을 것이나 본 구조물 보호 등 공사의 일부분이 유실되는 것을 방지하기 위해 사용된다면 안전관리비로 사용할 수 없습니다.

또한, 제빙용 모래 및 주머니는 근로자의 산업재해예방을 위하여 사용되는 것이라면 안전관리비로 사용할 수 있을 것입니다.

(산안(건안) 68307-286, 2000.04.07.)

해설

이 질의에서는 다양한 시설의 설치 주목적이 어디에 있느냐가 쟁점이고, 작업을 위한 시설에 대해서는 안전관리비로 사용이 허용되지 않지만 근로자의 안전을 위해 추가로 설치하는 시설은 그 부분에 한해서 안전보건관리비로 사용이 허용된다는 입장이다.

가설발판과 계단은 근로자가 이동하는 통로로 작업을 위해 필요한 시설로 판단되어 안전보건관리비로 사용이 불가하다고 보인다. 반면에, 이동하는 중에 근로자의 추락을 방지하기 위해 추가로 설치하는 안전난간은 근로자의 안전이 목적이므로 사용이 가능하다.

수방용이나 제빙용 모래와 주머니의 사용목적을 단적으로 판단하기는 쉽지 않아 보인다. 이는 현장 관계자가 그 주목적을 판단함이 합리적일 것이다. 수방이나 제빙이 공사시설물을 보호하거나 작업공간의 확보 또는 작업 교통수단을 확보하는 목적인지 아니면 작업 중이거나 이동하는 근로자의 안전을 위한 목적인지를 판단하여야 할 것이다.

Q73. 전기안전관리자 인건비의 안전관리비 사용가능 여부

질의

전기안전관리자의 인건비를 산업안전보건관리비에서 지출할 수 있나요?

회시

건설업 산업안전보건관리비 계상 및 사용기준(노동부고시 제2001-22호, 2001.02.16.) 별표 2 안전관리자의 항목별 사용내역 및 기준 항목1의 규정에 의해 산업안전보건관리비로 사용이 가능한 안전관리자의 인건비는 사업주가 선임하여 지방노동관서에 보고한 산업안전보건법 시행령 제14조에서 규정하고 있는 자격을 갖춘 자로서 안전관리자의 업무만을 전담하는 경우에 한합니다.

따라서 귀 질의의 공사에서 전차선단전 업무 등을 수행하기 위하여 선임된 안전관리자가 위 규정에 의한 안전관리자의 업무를 수행하는 경우가 아니라면 전기안전관리자의 인건비는 산업안전보건관리비로 사용할 수 없습니다. 참고로 귀 질의에서 전기안전관리자의 자격으로 하고 있는 ① 전기분야 기능사 또는 전기 관련 학과의 고등학교 졸업 이상의 자로서 3년 이상 경력자 ② 건설업체의 전기 관련 분야에서 전공 이상으로서 3년 이상 근무한 자는 산업안전보건법시행령 제4조에서 규정하고 있는 안전관리자의 자격에 해당하지 않습니다.

(산안(건안) 68307-10066, 2001.03.08.)

해설

고시에서 안전보건관리비로 인건비를 지급할 수 있도록 정하고 있는 안전관리자는 산업안전보건법령에서 정한 자격을 갖추고 같은 법령이 정하는 근로자의 안전관리를 수행하는 자를 말한다.

질의의 전기안전관리자는 다른 법령에 의거 선임된 자로서 전기공사 자체의 안전을 관리하는 자이지 근로자의 안전관리를 수행하는 자라고 볼 수 없다. 전기안전관리법 제2조는 "'전기안전관리'란 국민의 생명과 재산을 보호하기 위하여 전기설비의 공사·유지·관리 및 운용에 필요한 조치를 하는 것을 말한다."고 정하고 있어서 '근로자의 안전과 보건을 유지·증진'하려는 산업안전보건법의 목적과는 다르다.

Q74. 우회도로 교통안전시설물을 발주처 승인 시 안전관리비로 사용가능 여부

질의

기존도로의 확·포장을 위한 도로우회 시 관할경찰서에 허가를 득한 교통안전 시설물에 대해 발주처에서 산업안전보건관리비의 사용을 승인한 경우 시공사는 우회도로 교통안전시설물의 산업안전보건관리비 사용이 가능한가요?

회시

1. 건설업산업안전보건관리비라 함은 건설사업장에서 산업재해의 예방을 위해 사용하는 비용을 말하는 것으로 건설업 산업안전보건관리비 계상 및 사용기준(노동부고시 제2001-22호, 2001.02.16.) 별표 2 안전관리비의 항목별 사용내역 및 기준에 의거 사용을 하여야 하고,

2. 동 표 항목 2(안전시설비 등)에 의하면 공사현장에 중장비로부터 근로자 보호를 위한 교통안전표지판 및 휀스 등 교통안전시설물은 산업안전보건관리비로 사용할 수 있으나 도로 확·포장공사 등에서 공사용 외의 차량의 원활한 흐름 및 경계표시를 위한 교통안전 시

설물은 위 항목에서 제외되어 있습니다.

3. 따라서, 귀 질의의 우회도로에 설치한 교통안전시설물은 발주처의
   승인 여부와 상관없이 산업안전보건관리비로 사용할 수 없습니다.

(산안(건안) 68307-10190, 2001.05.14.)

해설

공사현장에 설치하는 교통안전표지판, 휀스, 라바콘 등을 안전보건관
리비로 사용할 수 있느냐의 판단이 상당히 혼란스러운 면이 있다. 역
시 그 주목적이 작업에 필요한 것이냐 아니면 근로자의 안전을 위한
것이냐에 따라 결정된다.

원칙적으로 현장 내에 설치하는 경우 인정, 현장 밖에 설치하는 경우
불인정한다고 보면 되고, 경계선상에 설치하는 경우도 대부분 불인정
한다고 보면 크게 어긋나지 않는다. 이 질의의 경우에도 기존 도로의
확·포장 공사현장으로서 작업장소와 차량통행 장소의 경계선에 설치
하는 시설로써, 일반차량의 통행의 원활함과 작업장소의 경계를 표시
하기 위한 목적이라고 회시에서 판단하고 있다.

그리고 안전보건관리비의 사용 인정여부는 고시에서 정하는 사용목
적에 부합하느냐에 따르고, 발주자의 승인여부와는 상관이 없다.

질의

1. 현장에서 사용되는 모든 기자재를 본사에서 일괄 구입한 후 품목의 내구 년한에 따라 예외 없이 손료를 적용하고 있습니다. 이들 자재 중에는 호이스크 승강구 안전문, 스틸·알루미늄·PVC MESH 등 낙하물 방호선반 및 가설재 중에서도 일부 품목 중 파이프써포트, 강관파이프, 브라켓, 부착물 등은 안전시설물로도 사용되어짐으로 최초 구입현장에서 전액을 안전관리비로 정산하지 않고 일정금액의 손료로 정산하였다면 이를 전용하여 사용하는 현장은 당연히 손료를 적용할 수 있는지요?

2. 공사의 일부를 하도급에 의하여 행하는 경우 형틀 하도급업체가 당해 공사를 수행하면서 중고재인 강관파이프로 안전난간대 및 호이스트 주변 방호비계, 낙하·비래물 방호시설(설계 외) 등을 설치하고 그 비용을 청구한 경우 산업안전보건관리비에서 지급할 수 있는지요?

회시

1. 산업안전보건관리비라 함은 건설공사에 있어 산업재해의 예방을 위해 건설업 산업안전보건관리비 계상 및 사용기준(노동부고시 제 2001-22호, 2001.02.16.) 별표 2 안전관리비의 항목별 사용내역 및 기준에 규정된 사항의 이행에 필요한 비용을 말하는 것으로 이때, 안전시설물 등의 구입비에 대해서는 손료의 개념이 아닌 재료에 대한 구입비용을 전액 인정하고 있습니다.

2. 따라서, 귀 질의의 현장의 경우 안전시설 등에 소요되는 자재에 대하여 산업안전보건관리비로 사용이 가능한 경우는 동 자재에 대한 손료가 아닌 구입 시 비용을 말하는 것으로 타 현장에서 전용한 제품에 대해서는 산업안전보건관리비로 사용할 수 없을 것으로 사료되며, 중고자재를 구입하는 경우에는 산업안전보건관리비로 사용할 수 있으나 타 현장에서 전용하여 사용하는 경우라면 사용할 수 없을 것입니다. 다만, 타 현장으로부터 전용하는 데 소요되는 운송비나 이를 설치하는 인건비 등은 산업안전보건관리비로 사용할 수 있습니다.

(산안(건안) 68307-10241, 2001.06.05.)

해설

안전보건관리비는 특정한 공사를 대상으로 계상하고 사용한다. 따라서 안전시설에 필요한 자재의 경우 해당 공사현장의 공사기간에 대한 손료개념을 적용하는 것이 이론상 합리적이다. 하지만 이렇게 할 경우

회계처리가 복잡해지고 지도감독도 어려워지는 현실적인 문제가 존재한다.

이를 감안하여 고시에서 안전시설 자재의 구입비용 전액을 안전보건관리비로 처리토록 정하고 있고 고용노동부도 같은 취지로 해석하고 있다. 특정 현장에서 이미 전액을 인정받았으므로 타 현장으로 전용할 때에는 이중 지급이 되어 안전보건관리비로 사용할 수 없다. 다만 전용할 때 발생하는 운송비 등은 중복되지 않는 비용으로 사용할 수 있다고 보고 있다.

안전시설용 자재는 신품을 조건으로 제한하고 있지 않다. 따라서 중고 자재를 처음 구입하는 경우에는 안전보건관리비로 사용할 수 있다.

Q76. 토사유출을 막기 위한 경사법면 보호망을 안전관리비로 사용할 수 있는지

질의

도로 건설현장에서 절토 및 성토 후 법면 녹화(꺼죽덮기, 떼, 녹생토 등) **전까지 절토 및 성토지역에 비산, 낙석, 토사의 유출을 막기 위하여 Green을 설치하는 데 동 비용을 산업안전보건관리비로 사용가능한가요?**(산업안전보건관리비중 시설비 항목에 보면 경사법면 보호망(덮개)은 사용하게 되어 있음)

회시

건설업 산업안전보건관리비 계상 및 사용기준(노동부고시 제2001-22호, 2001.02.16.) 별표 2 안전관리비의 항목별 사용내역 및 기준 항목 2(안전시설비 등)에 의하면 경사법면의 보호망(덮개)은 산업안전보건관리비로 사용이 가능하다고 규정되어 있습니다.

이때, 경사법면의 보호망(덮개)이라 함은 경사면의 붕괴 등으로부터 근로자들을 보호하기 위한 목적으로 설치하는 경우를 말하는 것으로 귀 질의의 경우와 같이 절토 및 성토지역의 비산, 낙석, 토사의 유출

을 막기 위한 목적으로 설치하는 경우라면 동 설치비용은 산업안전보
건관리비로 사용할 수 없습니다.

(산안(건안) 68307-10316, 2001.07.11.)

해설

같은 시설이라 하더라도 그 설치 목적에 따라 안전보건관리비로 사용
가능 여부가 결정된다. 토사 경사법면 보호망의 경우 경사법면 아래에
서 근로자의 작업이 이루어지는 상황에서 법면의 붕괴 등에 의한 근
로자 보호를 위한 경우라면 사용이 가능하나, 법면 자체의 보호를 위
한 경우라면 안전보건관리비로 사용이 제한된다.

Q77. 원청사 공구장, 담당기사의 관리감독자 업무수당 지급가능 여부

질의

건설업 표준안전관리비 계상 및 사용기준(노동부고시 제2001-22호)에 따르면 직·조·반장 등의 지위에 있는 관리감독자가 영 제11조제3항의 각호의 규정에 의한 업무를 수행하는 경우 업무수당을 지급(급여의 10% 이내)하도록 되어 있습니다.

당 현장에서는 공구장(원청사), 담당기사(원청사), 협력업체 작업반 책임자를 관리감독자로 임명하여 영 제11조제3항의 규정에 의한 임무를 수행토록 하고 있음. 이에 업무수당 지급을 모두에게 지급할 수 있는지요?

회시

건설업 산업안전보건관리비 계상 및 사용기준(노동부고시 제2001-22호, 2001.02.16.) 별표 2 안전관리비의 항목별 사용내역 및 기준 항목 1(안전관리자 등의 인건비 및 가공 업무수당 등)의 규정에 의거 산업안전보건관리비로 사용이 가능한 업무 수당은 직·조·반장 등의 지위에 있는 관리감독

자가 영 제11조제3항 각호의 규정에 의한 업무를 수행하는 경우에 지급하는 것에 한하는바,

귀 질의의 협력업체 작업반 책임자가 작업반장인 관리감독자로서 영 제11조제3항 각호에서 정하는 업무를 수행하는 경우라면 업무수당 지급이 가능하나, 원청 소속 공구장 및 담당기사의 경우는 직·조·반 장 등의 지위에 있는 관리감독자에 해당한다고 볼 수 없어 업무수당 을 지급할 수 없다고 사료됩니다.

(산안(건안) 68307-10491, 2001.10.09.)

관련 규정

고시 제7조제1항제1호

라. 별표 1의 2에 해당하는 작업을 직접 지휘·감독하는 직·조·반 장 등 관리감독자의 직위에 있는 자가 영 제15조제1항에서 정 하는 업무를 수행하는 경우에 지급하는 업무수당(임금의 10분 의 1 이내)

【별표 1의2】 관리감독자 안전보건업무 수행 시 수당지급 작업

1. 건설용리프트·곤돌라를 이용한 작업
2. 콘크리트 파쇄기를 사용하여 행하는 파쇄작업(2미터 이상인 구축물 파쇄에 한정한다)
3. 굴착 깊이가 2미터 이상인 지반의 굴착작업
4. 흙막이지보공의 보강, 동바리 설치 또는 해체작업

5. 터널 안에서의 굴착작업, 터널거푸집의 조립 또는 콘크리트
  작업

6. 굴착면의 깊이가 2미터 이상인 암석 굴착 작업

7. 거푸집지보공의 조립 또는 해체작업

8. 비계의 조립, 해체 또는 변경작업

(중략)

15. 영 별표 2의 위험방지가 특히 필요한 작업

영 제15조(관리감독자의 업무 등)

① 법 제16조제1항에서 "대통령령으로 정하는 업무"란 다음 각 호
  의 업무를 말한다.〈개정 2021.11.19.〉

1. 사업장 내 법 제16조제1항에 따른 관리감독자(이하 "관리감
  독자"라 한다)가 지휘·감독하는 작업(이하 이 조에서 "해당작
  업"이라 한다)과 관련된 기계·기구 또는 설비의 안전·보건 점
  검 및 이상 유무의 확인

2. 관리감독자에게 소속된 근로자의 작업복·보호구 및 방호장
  치의 점검과 그 착용·사용에 관한 교육·지도

3. 해당작업에서 발생한 산업재해에 관한 보고 및 이에 대한 응
  급조치

4. 해당작업의 작업장 정리·정돈 및 통로 확보에 대한 확인·감독

(중략)

7. 그 밖에 해당작업의 안전 및 보건에 관한 사항으로서 고용노
  동부령으로 정하는 사항

해설

고시 제7조에서 정하고 있는 관리감독자의 업무수당을 안전보건관리비에서 지급하기 위해서는, ① 별표 1의 2에 해당하는 작업을 직접 지휘·감독하는 직·조·반장 등 관리감독자의 직위에 있는 자일 것, ② 산업안전보건법 시행령 제15조제1항 각호의 규정에 의한 업무를 수행하는 경우일 것의 두 가지 조건을 갖추어야 한다.

① 리프트를 이용한 작업, 비계의 조립 해체 등 위험한 작업에서 작업자를 지휘·감독하는 직위에 있어야 하고, 이때 직위는 직·조·반장 등 실제로 해당 작업을 하는 근로자들을 지휘·감독하는 업무상의 위치를 말하는 것이다. 원도급 관계자 등 다른 조직에 있는 사람, 실제로 해당 작업의 관리자가 아닌 사람 등에게 관리감독자라는 형식적인 직위를 부여한다고 해서 안전보건관리비로 수당을 지급할 수 있는 관리감독자로 볼 수는 없다.

② 이에 더해 위 관리감독자가 시행령 제15조제1항에서 정하는 안전보건 점검, 보호구 점검, 안전관리자의 지도·조언에 대한 협조 등의 업무를 실제로 수행하여야 한다.

Q78. 공사장주변 소음방지를 위한 가설방음벽 안전관리비 사용가능 여부

질의

공사 중에 발생하는 소음으로 주거생활에 지장을 초래한다 하여 가설 방음벽(방음설비)을 설치하고자 하는데 공사 마무리와 동시에 철거되는 것이므로 안전관리비의 항목별 사용내역 및 기준(별표 2) 중 2. 안전시설비 등에 위생 및 긴급피난용 시설비에 방진설비, 방음설비로 보아 안전관리비로 사용이 가능한가요?

회시

건설업 산업안전보건관리비 계상 및 사용기준(노동부고시 제2001-22호, 2001.02.16.) 별표 2 안전관리비의 항목별 사용내역 및 기준 항목 2(안전시설비 등)에서 산업안전보건관리비로 사용이 가능한 위생 및 긴급피난용 시설비 중 방음설비라 함은 공사 수행 시 발생하는 소음으로 인하여 당해 작업장에서 작업을 하는 근로자의 청각장애 예방 등 건강보호를 목적으로 설치하는 경우에 한하는 것으로, 귀 질의의 경우와 같이 공사장 주변 인접지역의 소음방지를 위한 경우에는 산업안전보건관리비로 사용할 수 없습니다.

(산안(건안) 68307-10021, 2002.01.21.)

해설

공사장 주변의 교통의 원활한 흐름을 위한 안전표지판 등은 안전보건
관리비로 사용이 인정되지 않고 현장 내에서 근로하는 작업자 보호를
위한 안전표지판 등은 사용이 인정되는 것과 같은 이치다. 같은 방음
설비 시설이라 하더라도 그 설치목적이 무엇이냐에 따라 안전보건관
리비 사용의 인정여부가 결정된다.

건설기술진흥법상 안전관리비의 사용기준을 정하는 〈건설공사 안전관
리 업무수행 지침(국토교통부 고시 제2021-1087호)〉 [별표 7] 안전관리비 계
상 및 사용기준에 "발파·진동·소음으로 인한 주변지역 피해방지 대책
비용"이 포함되어 있다. 따라서, 산업안전보건관리비 대신에 건설기술
관리법상 안전관리비로 사용해야 할 것으로 판단된다.

Q79. 안전관리자(겸직) 보조원의 인건비 사용가능 여부

질의

총 공사금액 42억 원인 현장으로(공사기간 18개월) **산업안전보건법에 의한 재해예방기술지도를 받고 있으며 관할 지방노동사무소에 안전관리자를 겸직으로 선임보고 하고 안전관리자 인건비는 안전관리비로 정산하지 않고 있을 때 현장에 안전관리자를 보조하는 안전보조원을 배치하는 경우 인건비를 안전관리비로 지급할 수 있는지요?**

회시

건설업 산업안전보건관리비 계상 및 사용기준(노동부고시 제2001-22호, 2001.02.16.) 별표 2 안전관리비의 항목별 사용내역 및 기준 항목 1(안전관리자 등의 인건비 및 각종 업무수당 등)에 의하면 안전관리자를 보조하는 안전보조원의 인건비는 산업안전보건관리비로 사용이 가능하다고 규정하고 있습니다.

이때, 위에서 말하는 안전관리자라 함은 당해 공사현장에서 안전관리 업무만을 전담하여 수행하는 전담안전관리자를 의미하고, 안전보조원은 이렇게 선임된 안전관리자가 공사 규모 및 작업특성 등에 따라 단독으로 업무수행이 곤란한 경우에 안전관리자를 보조하여 안전에 관한 업무를 수행하는 자를 말합니다.

귀 질의의 공사가 공사금액이 42억 원으로 재해예방지도기관의 기술지도를 받아야 하는 규모에 해당하여 전담안전관리자가 선임되어 있지 않은 경우라면 동 현장의 안전보조원에 대해 산업안전보건관리비로 그 인건비를 지급하기 어렵다고 사료됩니다.

(산안(건안) 68307-10038, 2002.01.28.)

관련 규정

고시(고용노동부 고시 제2022-43호) **제7조**(사용기준)

① 도급인과 자기공사자는 안전보건관리비를 산업재해예방 목적으로 다음 각 호의 기준에 따라 사용하여야 한다.

  1. 안전관리자·보건관리자의 임금 등

    가. 법 제17조제3항 및 법 제18조제3항에 따라 안전관리 또는 보건관리 업무만을 전담하는 안전관리자 또는 보건관리자의 임금과 출장비 전액

    나. 안전관리 또는 보건관리 업무를 전담하지 않는 안전관리자 또는 보건관리자의 임금과 출장비의 각각 2분의 1에 해당하는 비용

해설

현행 고시 제7조는 질의 당시의 고시와는 달리 겸직 안전관리자의 인건비의 2분의 1까지 지급할 수 있도록 그 지급범위를 확대하였다. 그러나 안전보조원 인건비 지급에 대해서는 이전 고시와 달리 확대하여 정한 바가 확인되지 않는다. 따라서 겸직 안전관리자에 대한 인건비는 그 반을 지급할 수 있지만, 안전보조원의 인건비는 종전처럼 전담 안전관리자를 보조하는 경우로 한정하는 입장이 유지되고 있다고 보는 것이 합리적이다.

Q80. 안전순찰차량 렌트비 안전관리비 사용가능 여부

질의

산업안전보건관리비 계상 및 사용기준에서는 안전순찰차량의 유류비, 수리비, 소모품 교환비, 보험료만 산정이 가능하다고 되어 있는데, 안전순찰차량으로 새 차를 렌트하는 경우는 렌트비를 안전관리비로 사용할 수 없는지요?

회시

건설업 산업안전보건관리비 계상 및 사용기준(노동부고시 제2001-22호, 2001.02.16.) 별표 2 안전관리비의 항목별 사용내역 및 기준 항목 4(사업장의 안전진단비 등)에 의하여 안전관리자용 안전순찰차량의 사용과 관련하여 산업안전보건관리비로 인정되는 비용은 동 차량의 유류비, 수리비, 소모품 교환비 및 보험료 등에 한합니다.

따라서, 귀 질의에서 말씀하신 안전순찰차량 렌트비용은 산업안전보건관리비로 사용할 수 없습니다.

(산안(건안) 68307-10048, 2002.01.31.)

해설

현행 고시 제7조제1항제3호 라목에 따라 전담 안전관리자나 보건관리자가 안전순찰 목적으로 사용하는 차량의 유류비 등은 안전보건관리비로 사용할 수 있다. 이때 차량의 소유 형태는 따지지 않되 소유 자체에 필요한 비용 즉 구입비용 등은 인정되지 않고 그 유지비만 인정된다.

따라서 차량의 렌트비는 소유 비용의 한 형태이므로 구입비용과 마찬가지로 안전보건관리비로 사용이 허용되지 아니하고 안전순찰용으로 사용하는 동안 유지비용인 유리비, 수리비 등은 인정된다.

질의

건설현장에서 시공사 직원 및 근로자 외에 감리단과 감독이 현장
외출 시 기본적으로 안전화와 안전모는 착용을 해야 하는데 시공사
에서 집행하는 안전관리비로 감리단과 감독이 착용할 개인보호구
를 구입할 수 있는지요?

회시

건설업 산업안전보건관리비 계상 및 사용기준(노동부고시 제2001-22호,
2001.02.16.) 별표 2 안전관리비의 항목별 사용내역 및 기준의 항목 3(개
인보호구 및 안전장구 구입비 등)에 의하면 안전모, 안전화 등 각종 개인보호구
의 구입, 수리, 관리 등에 소요되는 비용은 산업안전보건관리비로 사
용이 가능하다고 규정되어 있는바,

이는 당해 공사를 수행하는 근로자를 산업재해로부터 보호하기 위하
여 지급하는 개인보호구의 구입비용을 산업안전보건관리비로 사용이
가능하다는 의미로, 당해 근로자가 아닌 현장 감리원 및 감독 등에게

지급하기 위한 개인보호구 구입비용은 시공사의 산업안전보건관리비로 사용할 수 없습니다.

(산안(건안) 68307-10179, 2002.05.22.)

해설

안전보건관리비는 해당 건설공사 '현장 근로자'의 안전보건관리에 소요되는 비용을 충당하기 위한 것이라는 점을 재차 확인하고 있다. 감리단과 감독의 경우도 재해를 예방하기 위해 보호구가 필요하지만 '현장 근로자'가 아니기 때문에 다른 비용으로 확보하여 구입하여야 할 것이다.

Q82. 1일 안전교육 참가 시 당일 임금을 교육비로 지급가능 여부

질의

당 현장은 조선소 내 기계설비(크레인조립) **공사를 수행하는 현장으로써 발주자**(○○중공업) **사업장 내 자체안전교육**(발주자 안전교육장 내)**에 당 현장 내 작업근로자가 안전교육참석 시**(1인당 8만 원 지급) **안전교육비를 안전관리비로 사용하고자 하는바, 집행이 가능한지요?**

회시

건설업 산업안전보건관리비 계상 및 사용기준(노동부고시 제2002-15호, 2002.07.22.) 별표 2 안전관리비 항목별 사용내역 및 기준 항목 5(안전보건교육비 및 행사비 등)에 의거 사업주가 소속 근로자를 대상으로 실시하는 안전보건교육과 관련하여 산업안전보건관리비로 사용이 가능한 항목은 교육실시를 위한 외부강사 초빙료, 교육용 교재비, 교육을 위한 이동 시 소요비용, 교육 시 지급하는 음료비 등입니다.

따라서, 귀 질의의 경우도 안전교육에 참여하는 근로자의 출장비 등은 안전관리비로 사용이 가능하나 교육참여 근로자에 대한 임금보전의 수단으로 지급하는 비용은 안전관리비로 사용이 불가함. 또한, 사내안전보건교육은 근로자정기교육, 신규 채용 시 교육, 특별안전교육, 작업내용변경 시 교육을 말합니다.

(산안(건안) 68307-10488, 2002.11.09.)

해설

현행 고시 제7조에서는 "법 제29조부터 제31조까지의 규정에 따라 실시하는 의무교육이나 이에 준하여 실시하는 교육을 위해 건설공사 현장의 교육 장소 설치·운영 등에 소요되는 비용"을 안전보건관리비로 사용할 수 있다고 포괄적으로 정하고 있다. 이는 회시 당시의 고시처럼 외부강사 초빙료, 교육용 교재비 등 사용가능한 구체적인 항목을 명시하고 있지는 않으나 규제방식을 바꾼 것으로 그 근본 취지는 변함이 없다고 보아야 한다.

따라서 사내 안전보건교육 실시를 위해 필요한 비용은 사용이 가능하나 교육에 참가하는 근로자의 임금보전 성격의 금품지급은 허용되지 않는다고 판단된다.

Q83. 안전순찰 등을 위한 자전거 구입비의 안전관리비 사용가능 여부

질의

토목공사현장에서 지형적으로 일반승용차로 안전순찰 등이 불가능하여 자전거를 구입, 순찰에 이용하려고 하는데, 동 자전거 구입비용의 안전관리비 사용여부는?

회시

건설업 산업안전보건관리비 계상 및 사용기준(노동부고시 제2002-15호, 2002.07.22.) 별표 2 안전관리비 항목별 사용내역 및 기준 중 "안전진단비 등"에서 안전관리자용 안전순찰 차량과 관련하여 산업안전보건관리비로 사용이 가능한 항목은 동 차량의 유류비, 수리비, 소모품교환비 및 보험료에 한하고 있어 위 항목 외의 사항에 대해서는 산업안전보건관리비로 사용할 수 없습니다.

따라서, 귀 질의의 자전거의 경우 이를 차량의 범주에 포함되는 것으로 보아 그 사용과 관련하여 발생하는 수리비 및 소모품교환비 등의 비용은 산업안전보건관리비로 사용이 가능하나 자전거 구입비용과

같이 위 별표에서 규정하고 있지 않은 항목에 대해서는 산업안전보건
관리비가 아닌 공사비 등에 반영하여 사용하는 것이 타당하다고 사료
됩니다.

(산안(건안) 68307-68, 2003.03.14.)

해설

안전순찰 차량의 구입비는 안전보건관리비로 사용이 허용되지 않는
다. 안전순찰용 자전거에 대해서 따로 정하지 않고 있으나 차량의 범
주에 해당(도로교통법 제2조 정의에서도 자전거는 차로 분류)된다고 판단된다.

따라서 안전순찰용 자동차처럼 자전거의 경우도 그 구입비는 안전보
건관리비로 인정되지 않고 유지비는 사용이 가능하다고 보인다.

Q84. 일반건강진단 항목 외에 실시하는 요추검사 및 심전도검사 비용의 산업안전보건관리비 사용 가능 여부

질의

일반건강진단 항목 외에 요추검사 및 심전도검사 비용의 산업안전보건관리비로 사용가능한가요?

회시

건설업 산업안전보건관리비 계상 및 사용기준(노동부 고시 제2005-6호) 별표 2 산업안전보건관리비의 항목별 사용내역 항목 6(근로자의 건강진단비 등)에 의하면 "법 제43조의 규정에 의한 근로자의 건강진단에 소요되는 비용"만을 산업안전보건관리비로 사용이 가능토록 규정하고 있습니다.

따라서, 귀 질의와 같이 산업안전보건법시행규칙 제100조의 규정에 의한 검사 항목 외에 추가항목에 대해서는 산업안전보건관리비로 사용이 불가할 것으로 사료됩니다.

(산업안전팀-434, 2006.01.18.)

해설

현행 고시 제7조에서는 "법·영·규칙에서 규정하거나 그에 준하여 필요로 하는 각종 근로자의 건강장해 예방에 필요한 비용"을 안전보건관리비로 사용할 수 있다고 포괄적으로 규정하고 있다. 이에 따라 현행 산업안전보건법 제129조(일반건강진단), 제130조(특수건강진단), 제131조(임시건강진단 명령 등) 등에서 정하는 검사 항목에 대해서 안전보건관리비로 사용이 가능하다고 보인다.

이를 살펴보면 다양한 검사항목 들이 포함되어 있고 일반건강진단에 대한 제2차 건강진단검사항목(고용노동부 고시 제2022-97호) 별표 1에는 "의사가 필요하다고 인정하여 사업주가 동의한 검사"까지도 포함하고 있어서 현행 규정상으로는 안전보건관리비로 검사 가능한 항목이 대폭 확대되었다.

따라서 질의의 요추검사 및 심전도검사가 극히 예외적인 경우로서, 일반건강진단 외에 특수건강진단(고기압, 저기압 작업 시 심전도검사 등) 또는 임시건강진단 항목(건강진단 담당 의사가 필요하다고 인정하는 검사항목 포함)에 포함되거나 일반건강진단의 제2차 검사항목에 포함되는 경우라면 안전관리비로 사용할 수 있는 가능성도 있다고 보아야 한다.

Q85. 안전관리자 초과 선임 및 그에 따른 인건비의 안전보건관리비 적용

질의

1. 공사금액 또는 상시근로자 수를 기준으로 법적 안전관리자를 선임하는 경우 1인이 여러 지역에 대한 안전관리업무를 수행하여야 하는 등 정상적인 안전관리업무 수행이 불가할 경우 각 사업장(현장)별로 안전관리자를 선임할 수 있는지요?

2. 안전관리자를 추가로 선임하는 경우 안전관리자 인건비가 법적 안전관리비를 초과할 수 있어 산업안전보건관리비를 법적 기준을 초과하여 공사비에 계상하고 실투입 비용을 정산할 수 있는지요?

3. 산업안전보건법에 의한 안전관리자 선임과 별도로 도시가스사업법, 고압가스 안전관리법, 소방법, 전기공사업법 등에 의거 추가로 선임되는 안전관리자의 인건비도 안전관리비로 집행해야 하는지요?

회시

1. 산업안전보건법 적용은 사업 또는 사업장을 대상으로 하고, 사업장의 개념은 주로 장소적 관념에 따라 결정되는 것으로 장소적으로 분산되어 있으면 별개의 사업장으로 보는 것이 원칙이므로 산업안전보건법 제15조의 규정에 따른 안전관리자는 사업장(현장) 단위로 공사금액 또는 근로자수를 기준으로 선임하는 것이 원칙입니다. 다만, 장소적으로 인접하면서 동일한 공사조직 및 관리체계하에서 시공되는 경우라면 이를 하나의 사업장으로 보아 안전관리자를 선임할 수 있습니다.

2. 산업안전보건법에서는 안전관리자 선임 및 산업안전보건관리비 계상과 관련하여 최저기준을 정하고 있을 뿐으로 법상 기준을 초과하여 안전관리자를 선임하거나 산업안전보건관리비를 추가로 계상하는 것을 금지하고 있지 아니하므로 공사 위험도, 작업 특성 등을 고려하여 안전관리자를 추가로 선임토록 하고 산업안전보건관리비를 법적기준 이상으로 지급하는 것은 발주자가 자체적으로 판단하여 처리할 사항이라고 사료되며, 안전관리자 인건비는 안전관리자 자격을 갖춘 자를 지방노동관서에 선임 보고한 경우에 한하여 산업안전보건관리비로 사용할 수 있습니다.

3. 또한, 산업안전보건법 외 다른 법 적용 안전관리자 인건비는 산업안전보건관리비로 사용할 수 없습니다.

(안전보건지도과-3474, 2008.11.17.)

관련 규정

고시 제7조(사용기준)

① 도급인과 자기공사자는 안전보건관리비를 산업재해예방 목적으로 다음 각 호의 기준에 따라 사용하여야 한다.

1. 안전관리자·보건관리자의 임금 등

가. 법 제17조제3항 및 법 제18조제3항에 따라 안전관리 또는 보건관리 업무만을 전담하는 안전관리자 또는 보건관리자의 임금과 출장비 전액

나. 안전관리 또는 보건관리 업무를 전담하지 않는 안전관리자 또는 보건관리자의 임금과 출장비의 각각 2분의 1에 해당하는 비용

해설

고시 제7조에 의거 산업안전보건법 제17조와 제18조에서 정하는 자격을 갖춘 안전관리자와 보건관리자를 지방노동관서에 선임 보고한 경우 그 인건비 등을 안전보건관리비로 지급할 수 있도록 하고 있다. 이때 안전관리자와 보건관리자의 수는 최소한을 정한 것으로 사업장의 필요에 따라 추가로 선임하는 것은 무방하고, 적법하게 추가로 선임된 자에 대한 인건비 등도 안전보건관리비로 지급할 수 있다.

고시 제7조에서 인건비 사용가능 범위를 산업안전보건법상 안전·보건

관리자로 한정하고 있기 때문에 산업안전보건법 외의 다른 법령에 따라 선임한 안전관리자의 경우 추가 선임여부에 상관없이 안전관리비로 사용할 수 없다.

Q86. 전자식 인력관리 시스템의 산업안전보건관리비 사용가능 여부

질의

건설현장에서 근로자의 안전관리(개인보호구 지급, 개인벌점부과, 교육이수, 무재해 달성), **보건관리**(건강진단, 건강유소견자 관리), **출·퇴근관리, 노임지급 관리 등을 위해 사용하고 있는 "전자적인력관리 시스템"의 설치 및 유지관리 비용을 산업안전보건관리비로 사용가능한지요?**

회시

건설업 산업안전보건관리비는 건설업에 있어서 근로자의 산업재해 및 건강장해예방을 위하여 법령에 규정된 사항의 이행에 필요한 비용을 말합니다. 귀 질의의 "전자적 인력관리 시스템"은 근로자의 출퇴근 관리, 노임관리, 공사관리와 근로자 개인보호구 지급관리, 근로자 건강관리 등 안전·보건관리에도 활용이 가능한 것으로 보여집니다.

따라서, "전자적 인력관리 시스템의 설치 및 유지관리비용"을 산업안전보건관리비로 사용이 가능한지 여부는 동 비용의 사용목적을 종합적으로 판단하여 근로자 안전·보건관리에 주된 목적이 있다면 산업안전

보건관리비로 사용이 가능하나 그러하지 않은 경우 사용이 불가할 것
으로 사료됩니다.

(안전보건정책과-1027. 2010.09.02.)

해설

이 질의회시에서도 '전자적 인력관리 시스템'의 주목적이 어디에 있느
냐가 쟁점이 되고 있다. 그 판단은 외부에서 내리기가 쉽지 않은 사항
으로 위 회시에서도 가이드라인만 제시하고 최종 판단을 사업장에 넘
기고 있다.

'주목적'을 판단함에 있어서 한 가지 팁을 제시할 수 있겠다. 즉 안전
보건관리를 고려하지 않는다면 해당 시설이나 시스템이 필요 없는지
여부다. 예를 들어 작업발판은 안전보건관리를 고려하지 않는다 할지
라도 작업수행을 위해 없어서는 곤란하다. 반면에 안전난간을 설치하
지 않았다고 하여 작업수행이 어려운 것은 아니다. 이에 따라 작업발
판은 안전보건관리비로 사용이 불허되고 안전난간은 허용된다.

질의의 '전자적 인력관리 시스템'을 설치하지 않아도 출퇴근 관리, 임
금지급 관리 등에 전혀 어려움이 없다면 안전보건관리가 주목적이라
도 판단할 여지가 크다고 볼 수 있다.

Q87. 자연재난 대비용 CCTV의 산업안전보건관리비 사용가능 여부

질의

자연재난 대비용 CCTV의 산업안전보건관리비로 사용가능한가요?

회시

건설업 산업안전보건관리비 계상 및 사용기준(고용노동부 고시 제2012-23호, 2012.02.08.) 제7조에 의해 산업안전보건법·영·규칙 및 고시에서 규정하거나 그에 준하여 필요로 하는 각종 감시 시설의 설치비용(시설의 설치·보수·해체 시 발생하는 인건비 등 경비를 포함한다)은 산업안전보건관리비로 사용이 가능합니다. 다만, 동 고시 제7조제2항에 의해 산업안전보건관리비로 사용이 가능한 항목이라도 수방대비 등 다른 목적이 포함된 경우 소요되는 비용은 산업안전보건관리비로 사용이 불가합니다.

따라서, 귀 질의의 CCTV의 경우 일부 근로자 재해예방목적을 포함하고 있으나, 자연재해로 인한 현장소유물(시설 및 장비 등) 보호 등 수방대비 목적이 포함되어 있음으로 동 CCTV에 소요되는 비용은 산업안전보건관리비로 사용할 수 없음을 알려드립니다.

(건설산재예방과-2515, 2012.07.26.)

관련 규정

해설

회시에서 언급한 것처럼 고시 제7조에서 수방대비 등 다른 목적이 포함된 경우에는 안전보건관리비로 사용이 허용되지 않는다.

이에 더하여 '자연재해'는 원칙적으로 산업안전보건법 제2조에서 정하는 산업재해에 해당되지 않는다고 보인다. 그렇다면 산업재해 예방을 위해 계상된 안전보건관리비를 사용할 수 없다고 보는 것이 합리적이다.

Q88. 공사계약서와 달리 실제 공사기간이 3개월 미만인 경우 기술지도를 받아야 하는지 여부

질의

공사계약서상 공사기간이 7개월로 되어 있으나 설계작업을 제외하면 실제 공사기간이 3개월미만인 경우 기술지도를 받아야 하는지 여부 및 동절기 공사중지 기간도 기술지도를 받아야 하는가요?

회시

1. 귀 질의의 공사의 경우 공사계약서상의 공사기간이 7개월이라면 산업안전보건법 시행규칙 제32조제3항 규정에 의거 재해예방전문지도기관의 기술지도를 받아야 하는 공사에 해당되나, 당해 공사의 실 착공시점을 기준으로 하여 기술지도 실시 여부를 결정하고 지도횟수를 조정할 수 있습니다.

2. 동절기 공사중단 등으로 공사가 진행되지 않는 경우라면 동 기간에 기술지도를 받지 않아도 될 것으로 사료됩니다.

(산안(건안) 68307-10158, 2001.04.26.)

해설

안전보건관리비의 사용에 있어서 대원칙 중의 하나가 형식보다는 실제가 중요하다는 점이다. 질의와 같이 공사계약서상 공사기간이 7개월이나 실제 공사기간이 3개월 미만이면 후자를 기술지도 여부를 결정하는 공사기간으로 보아야 한다. 동절기 공사중지 기간도 마찬가지이다. 실제로 공사가 이루어지지 않고 있으면 그 기간에는 기술지도를 받을 필요가 없다고 보는 것이 합리적이다.

Q89. 안전관리자 선임사업장의 기술지도 가능 여부

질의

안전관리자가 선임된 사업장에 기술지도를 받아도 되나요?

회시

산업안전보건법 시행규칙 제32조의 규정에 의하여 공사금액 3억 원 이상 120억 원(토목공사업은 150억 원) 미만 공사에서 전담안전관리자를 선임한 경우에는 기술지도를 받지 않아도 되나 위 규정에도 불구하고 전담안전관리자를 선임한 사업장에서 재해예방전문지도기관의 기술지도를 받는 것은 가능합니다. 다만, 기술지도와 안전관리자 선임은 선택적으로 적용할 수 있는 사항이므로 발주자와 사전에 그 필요성 등에 대하여 협의를 거치는 것이 바람직하다고 사료됩니다.

(산업안전팀-3137, 2007.06.25.)

해설

법령상 의무는 최소한을 정한 것이다. 따라서 안전관리자 선임대상 공사는 기술지도를 받지 않아도 되나, 안전관리자를 선임하고 전문적인 자문, 점검 등이 필요하여 추가로 기술지도를 받는 것은 무방하고, 이 경우 기술지도 비용을 안전보건관리비로 사용할 수 있다.

Q90. 현장 내 근로자 안전통로용 라바콘을 안전관리비로 사용가능 여부

질의

공사내역상에 라바콘, 안전표지판 등이 없을 경우, 도로에서 공사 시 공사작업자의 안전을 위해 라바콘, 안전표지판을 사용하였을 때, 이 비용을 안전관리비로 사용할 수 있는가요?

회시(고용노동부 "빠른인터넷상담")

건설업 산업안전보건관리비 계상 및 사용기준(고용노동부고시 제2020-63호, 2020.01.23.) 제7조제1항에 의거 산업안전보건관리비는 해당 건설사업장에서 근무하는 근로자의 산업재해 및 건강장해 예방을 위한 목적으로만 사용하도록 규정하고 있습니다. 다만, 동 고시 제7조제2항에 의거 사용하고자 하는 항목이 다음 각 호의 어느 하나에 해당하거나, 동 고시 별표 2의 사용불가내역에 해당하는 경우에는 사용할 수 없습니다.

- 공사 도급내역서 상에 반영되어 있는 경우
- 다른 법령에서 의무사항으로 규정하고 있는 경우. 다만, 「화재예방,

소방시설, 설치·유지 및 안전관리에 관한 법률」에 따른 소화기 구매에 소요되는 비용은 사용할 수 있다.
- 작업방법 변경, 시설 설치 등이 근로자의 안전·보건을 일부 향상시킬 수 있는 경우라도 시공이나 작업을 용이하게 하기 위한 목적이 포함된 경우
- 환경관리, 민원 또는 수방대비 등 다른 목적이 포함된 경우
- 근로자의 근무여건 개선, 복리·후생 증진, 사기진작 등의 목적이 포함된 경우

동 고시 제7조제1항제2호에 의거 법·영·규칙 및 고시에서 규정하거나 그에 준하여 필요로 하는 각종 안전표지·경보 및 유도시설, 감시 시설, 방호장치, 안전·보건시설 및 그 설치비용(시설의 설치·보수·해체 시 발생하는 인건비 등 경비를 포함한다)은 산업안전보건관리비로 사용이 가능하나, 별표 2의 사용불가내역과 같이 원활한 공사수행을 위해 공사현장에 설치하는 시설물, 장치, 자재 등은 산업안전보건관리로 사용이 불가합니다.

따라서 안전시설물은 그 자체로 안전관리비 사용가능 여부를 판단할 수 있는 것은 아니고, 그러한 안전시설물이 작업환경에서 어떠한 용도와 목적으로 사용하는지에 따라 판단하여야 합니다.

다만, 빠른인터넷상담은 간단하고 단순한 사항에 대한 답변은 가능하나, 산업안전 분야는 전문적인 분야로 2020년 산안법 전면개정되어 법적용 및 개별사항 안내가 어려우니 번거로우시더라도 질의내용을

구체적으로 명시하여 국민신문고(www.epeople.go.kr)로 질의신청을 하시
거나, 사업장 소재지 관할 지방노동관서 산재예방지도과로 문의하여
안내를 받으실 수 있습니다.

해설

건설업 산업안전보건관리비 계상 및 사용기준(고용노동부고시 제2020-63호,
2020.01.23.) 제7조에 따르면 안전시설 설치비는 사용가능하되 공사도급
내역서에 반영된 경우에는 사용을 금지하고 있다. 또한 동 고시 별표
2는 항목별 사용불가내역(현행 고시는 사용불가내역을 폐지하였으나 그 취지는 그대
로 유지)을 정하고 있다.

질의의 라바콘 설치의 주목적이 근로자의 안전한 통행을 위한 목적이
라면 안전시설에 해당하고 별표 2에서 정한 사용불가내역에 해당되지
않는다. 따라서 공사내역서에 라바콘 비용이 계상되지 않았다면 안전
관리비로 사용이 가능한 것으로 판단된다.

그러나 도로공사의 특성상 현장 경계선에 설치하여 교통의 흐름을 원
활하게 하기 위해 설치한 경우라면 공사내역서에 반영여부에 상관없
이 안전보건관리비로 사용이 불가하다고 보인다.

Q91. 타워크레인 지지방식 구조검토비의 안전보건 관리비 사용가능 여부

질의

타워크레인 와이어로프지지방식 적용 시 전문가 구조검토비용을 기계·기구 검사비로 해석하여 산업안전보건관리비로 사용가능한가요?

회시

건설업 산업안전보건관리비라 함은 건설근로자의 산업재해 및 건강장해의 예방을 위해 법령에 규정된 사항의 이행에 필요한 비용을 말하는바 귀 질의상 타워크레인의 지지를 와이어로프 지지방식으로 할 경우의 필요한 구조검토는 건설물의 구조적인 안전에 관한 사항으로 이는 건설물 설계 시에 반영되어야 할 사항으로 산업안전보건법 제34조 (유해 또는 위험기계기구 및 설비의 검사)에 의한 근로자의 안전성과 관련한 제작기준과 안전기준에 대한 검사, 또는 같은 법 제49조(안전·보건진단 등)에 따른 안전·보건진단으로도 보기 어려우므로 동 구조검토 비용은 산업안전보건관리비로 사용할 수 없을 것으로 사료됩니다.

(산업안전팀-4315, 2007.08.31.)

해설

타워크레인 설치를 위한 구조검토는 구조물 구축을 위해서 필요한 사항이다. 건물을 구축하려면 무너지지 않게 짓기 위해서 그에 대한 구조검토가 필요한 것과 같은 이치이다. 굳이 '안전'이란 용어를 붙이자면 구조물 붕괴를 방지하기 위한 '구조물 안전'이다. 따라서 구조검토 비용을 '근로자의 안전관리'를 위해서 계상된 안전보건관리비로 사용할 수 없다.

Q92. 당초 공사기간이 3개월 미만이었던 공사가 3개월 이상으로 연장된 경우 기술지도 실시여부

질의

당초 공사계약 시 공사기간이 3월 미만이어서 재해예방전문지도기관의 기술지도를 받지 않아도 되는 공사에 해당되었으나 당해 공사 시공 중 공사 기간이 연장되어 3월 이상이 되었을 경우 기술지도를 받아야 하는지요?

회시

산업안전보건법 제30조제4항 및 동법 시행규칙 제32조제3항제1호의 규정에 의하면 공사금액 3억 원(전기공사·정보통신공사는 1억 원) 이상 120억 원(토목공사는 150억 원) 미만인 공사는 재해예방전문지도기관의 기술지도를 받아야 하며, 공사 기간이 3월 미만인 공사는 기술지도를 받지 않아도 됩니다.

다만, 귀 질의의 내용만으로는 구체적으로 판단키는 어려우나 단순 공사중단 등의 사유로 공사 기간이 연장된 것이 아닌 설계변경 또는 공사물량 증가 등의 사유로 공사 기간이 3월 이상으로 연장되었다면 당

해 연장사유를 알게 된 시점을 기준으로 남은 기간에 대해 산업안전
보건법 시행규칙 [별표 6의 4](재해예방전문 지도 기관의 지도기준) 제3호의 규
정에 따라 기술지도를 받아야 할 것으로 사료됩니다.

(산업안전팀-1534, 2005.12.05.)

해설

현행 「산업안전보건법 시행령」 제59조에 따라 공사금액 1억 원 이상
120억 원(토목공사는 150억 원) 미만인 공사를 하는 자는 건설재해예방 전
문지도기관으로부터 기술지도를 받아야 하는데, 공사기간이 1개월 미
만인 공사는 기술지도가 면제된다.

그러나 단순히 공사중단 등의 사유가 아니라 설계변경, 공사물량 증가
등의 사유로 공사 기간이 1개월 이상으로 연장된 경우에는 공사규모
자체가 변경된 것이므로 연장사유를 알게 된 시점을 기준으로 남은
기간에 대해 기술지도를 받아야 할 것으로 판단된다.

IV

산업안전
보건관리비
확인 및 정산

질의

'97년 총액 단가 계약된 ○○지하철 2호선×공구 업무수행 중 설
계당시 잘못 적용된 표준안전관리비 적용요율을 공사수행 중 시정
지시가 있어 당초 철도궤도 적용 요율 1.58%를 중건설 적용요율
2.26%로 변경하여 안전관리비를 증액하였으나 총도급액의 변경을
인정치 않아 이 증액분을 이윤에서 감액조치하여 당초계약 의도와
는 다른 이윤손실이 이윤손실이 발생하였습니다. 오적용된 요율의
수정으로 안전관리비 사용금액이 늘어남은 타당하나 이 증가분을
이윤에서 감액조치함은 납득하기 어려운데 조치방법이 있나요?

회시

1. 건설업 산업안전보건관리비 계상 및 사용기준(노동부고시 제2001-22호,
   2001.02.16.)에 의하면 건설공사에 있어 산업안전보건관리비의 계상
   의무는 발주자에게 있으므로 발주자가 설계당시 산업안전보건관리
   비를 계상하면서 건설공사에 해당하는 요율을 제대로 적용하지 않
   아 귀 질의에서 밝힌 바와 같이 산업안전보건관리비가 잘못 계상

된 것이 사실이라면 이 부분에 대해서는 원칙적으로 시공자에게는 책임이 없으며 발주자가 재계상하여야 한다고 사료됩니다.

2. 다만, 재계상으로 증액된 산업안전보건관리비와 기존의 금액과의 차액을 이윤에서 감액을 할 것인지 하는 사항에 대해서는 산업안전보건법에 별도로 정한 바가 없으므로 회계관련법령이나 공사계약 내용 등을 참조하여 발주처와 협의 결정하여야 할 것으로 사료됩니다.

(산안(건안) 68307-10055, 2001.02.28.)

관련 규정

고시 제4조(계상의무 및 기준)

① 건설공사발주자(이하 "발주자"라 한다)가 도급계약 체결을 위한 원가계산에 의한 예정가격을 작성하거나, 자기공사자가 건설공사 사업계획을 수립할 때에는 다음 각 호와 같이 안전보건관리비를 계상하여야 한다. 다만, 발주자가 재료를 제공하거나 일부 물품이 완제품의 형태로 제작·납품되는 경우에는 해당 재료비 또는 완제품 가액을 대상액에 포함하여 산출한 안전보건관리비와 해당 재료비 또는 완제품 가액을 대상액에서 제외하고 산출한 안전보건관리비의 1.2배에 해당하는 값을 비교하여 그중 작은 값 이상의 금액으로 계상한다.

1. 대상액이 5억 원 미만 또는 50억 원 이상인 경우: 대상액에 별표 1에서 정한 비율을 곱한 금액

2. 대상액이 5억 원 이상 50억 원 미만인 경우: 대상액에 별표
   1에서 정한 비율을 곱한 금액에 기초액을 합한 금액
3. 대상액이 명확하지 않은 경우: 제4조제1항의 도급계약 또는
   자체사업계획상 책정된 총공사금액의 10분의 7에 해당하는
   금액을 대상액으로 하고 제1호 및 제2호에서 정한 기준에 따
   라 계상

해설

회시의 내용대로 산업안전보건관리비의 계상의무는 발주자에게 있고
이 의무에는 규정에 맞게 계상하여야 하는 의무까지 포함된다. 규정보
다 적게 계상한 책임은 발주자에게 있음은 당연하다.

회시에서는 처리 방법에 대해서 원론적인 수준에서 답했으나, 산업안
전보건관리비가 공사비의 다른 항목과 상관없이 안전보건관리 비용
을 별도로 확보하려는 취지임을 감안하면, 이윤에서 증액분을 감액하
는 것은 타당하다고 볼 수 없다. 특히 현재는 공사 예정가격 작성 시
계상된 산업안전보건관리비에 낙찰률을 적용하여 감액할 수도 없게
하고 있음을 참고해야 한다.

현실적으로 단가계약의 경우 공사비의 항목별 변동이 생기면 조정이
용이하므로 별문제가 없겠으나, 공사금액이 고정된 총액계약의 경우

반영이 용이하지 않을 수 있겠다. 그러나 이 경우에도 안전보건관리비 계상의 잘못의 원인이 발주자에게 있고 발주자는 스스로 공사금액에 대한 조정 권한이 있는 자임으로 이를 바로 잡아주는 것이 합리적이라 생각된다.

Q94. 낙하물방지망이 설계서에 반영되어 있을 때 설계변경하여 공사비를 감액할 수 있는지

질의

국가기관으로부터 내역입찰방식으로 계약체결하여 공사를 시행 중에 있으며, 당 현장의 경우 낙하물방지망이 가설공사 항목에 포함되어 있고 당초 안전관리비사용계획상에도 일부 낙하물방지망이 계상되어 있는바, 발주처에서는 낙하물방지망을 안전관리비로 사용이 가능하므로 당초 안전관리비 사용계획서상의 낙하물방지망 만큼 도급내역에서 감액 지시하는바 내역에서 삭제함이 타당한지요?

회시

건설업 산업안전보건관리비 계상 및 사용기준(노동부고시 제2001-22호, 2001.02.16.) 제7조에 의거 "수급인 또는 자기공사자는 별표 2의 사용내역 및 사용기준에 따라 안전관리비를 사용하여야 하고, 별표 2의 사용내역 중 공사 설계내역서에 명기되어 있는 사항은 사용할 수 없다"고 규정을 하고 있습니다. 2022.06.02. 개정된 고용노동부 고시 제2022-43호에서 이 규정이 삭제되었으나, 여전히 공사비와 산업안전보건관리비에서 이중으로 지출할 수는 없습니다.

이는 산업안전보건관리비는 당해 공사의 안전관리에 필요한 안전비용의 최소한을 정한 것이므로 공사 설계내역서에 반영된 항목에 대해서는 공사비에서 집행하는 것이 바람직하다는 취지로써 귀 질의의 낙하물방지망 비용이 가설공사 항목에 반영되어 있다면 동 비용은 산업안전보건관리비로 사용할 수 없습니다.

가설공사비 항목에 기 반영된 낙하물방지망 비용을 설계변경을 통하여 공사비에서 감액할 수 있는지 하는 사항에 대해서는 산업안전보건법령상 정한 바가 없으므로 공사계약관계법령 등에 의하여 판단하여야 할 것으로 사료됩니다.

(산안(건안) 68307-10487, 2001.10.08.)

해설

회시에서 언급한 것처럼 산업안전보건관리비는 안전보건관리에 필요한 최소한을 정한 것이므로 가능하면 공사비의 다른 항목에서 일정 부분 사용할 수 있어야 충분한 안전보건관리 비용을 확보할 수 있다.

질의의 경우처럼 이미 공사비에 낙하물방지망 설치비용이 반영되어 있다면 그 비용으로 사용하고, 안전관리비 사용계획서에는 이를 꼭 필요한 다른 안전보건관리 비용으로 전환하는 것이 바람직해 보인다.

발주자에게 이러한 취지를 설득하는 것이 필요해 보이고, 그래도 산업안전보건관리비로 사용하라고 하면 산업안전보건법령상으로는 이를 막을 방법은 현실적으로 없는 실정이다.

Q95. 공사착공계 제출 전 선행된 공사 준비기간 중 사용한 안전관리비 인정 여부

질의

발주처와 공사계약체결 후 현장사무실 부지정리작업, 사무실신축, 착공식준비, 현장방음, 방진벽(높이 6m) 설치 등 발주처에 공사착공계가 제출 전 공사가 선행되면서 안전관리자의 인건비, 안전표지판, 개인보호구(직원, 근로자용) 구입 등의 안전보건관리비를 사용하였으나 착공계 접수 전의 사용 안전관리비는 인정할 수 없다고 하는데 타당한가요?

회시

산업안전보건관리비의 사용과 관련하여 그 사용 시점에 대해서는 산업안전보건법령 등에서 별도로 정하고 있지는 않으나 산업안전보건관리비의 취지상 착공계의 제출 여부와 관계없이 사실관계에 있어서 당해 공사의 작업과 관련하여 사용한 안전 관련 비용은 산업안전보건관리비로 사용이 가능하다고 사료됩니다.

해설

안전보건관리비의 사용여부에 대한 판단은 형식보다는 실제가 중요하다는 것이 고용노동부의 일관된 입장이다. 공사착공계를 제출하기 전에 실제로 해당 공사를 위한 현장사무실 건립, 방음벽 설치 등의 공사를 진행하였다면 이 과정에서 안전보건관리를 위해서 사용한 비용은 안전보건관리비로 처리가 가능하다.

Q96. 감리자가 확인 날인하지 아니한 안전물품을 안전관리비로 인정할 수 없는지 여부

질의

감독기관(감리업무수행)은 건기법에 의해 현장의 재해예방대책과 안전관리(시공 안전)에 대해 관리감독하며 산안법상의 안전관리에 대한 통제기능은 법상은 없는 것으로 생각됩니다.

만약 매번 안전용품 입고 시 거래명세표에 감독관 확인날인을 요구하고 있으며 확인날인이 없는 용품은 산업안전보건관리비로 인정할 수 없다는 감독관의 주장이 있다면 감독관의 안전관리 업무상 이 같은 조치가 가능한지요?

회시

건설업 산업안전보건관리비 계상 및 사용기준(노동부고시 제2002-15호, 2002.07.22.) 제9조에 의하면 발주자는 수급인의 안전관리비에 대해 수시 확인할 수 있으며 수급인은 이에 응하여야 합니다. 규정되어 있는 바, 발주자(귀 질의의 경우 감리 업무를 수행하는 "공사감독관")는 시공사의 산업안전보건관리비의 적정사용 여부에 대해 확인이 가능합니다.

따라서, 안전관리비로 구입하는 물품 등에 대해서 발주자가 사전에 확인할 수 있다고 판단되나, 발주자의 사전확인을 받지 않았다 하더라도 당해 현장에서 적법하게 구입한 것이 사실이라면 당해 물품에 대해서 안전관리비로 정산이 가능하다고 사료됩니다.

(산안(건안) 68307-35, 2003.02.10.)

해설

건설기술진흥법 제2조(정의)에서 "'건설기술'이란 다음 각 목의 사항에 관한 기술을 말한다. 다만, 「산업안전보건법」에서 근로자의 안전에 관하여 따로 정하고 있는 사항은 제외한다."라고 정하고 있어서 동 법이 산업안전보건을 규율하지 않는 것은 사실이다.

그러나 회시의 내용처럼 고시에서 발주자와 감리자에게 안전보건관리비 사용내역에 대해서 확인할 권한이 주어져 있다. 이때 확인의 방법이나 절차에 대해서는 따로 정하고 있지 않다. 따라서 안전보건관리비의 사용에 있어서 형식보다는 실제를 중요시하는 점을 감안하면, 감리자가 확인날인을 하지 않은 경우에도 적법하게 구입한 안전용품에 대해서 안전보건관리비로 처리하는 것이 가능하다고 판단된다.

Q97. 산업안전보건관리비 소급적용 가능 여부

질의

택지조성 공사현장에서 최초 공사계약 시 계상된 안전관리비가 적어 공사 초기 안전관리자 인건비를 안전관리비에서 사용하지 못하던 중, 설계변경에 의한 공사비 증액으로 인해 안전관리비가 증액되었는데 이 경우 증액된 안전관리비로 기사용한 안전관리자 인건비를 소급하여 정산할 수 있는지와 협력업체에서 사용한 안전관리비에 대해서도 소급 적용할 수 있는가요?

회시

건설업 산업안전보건관리비는 총 공사금액에 의해 계상된 안전관리비를 기준으로 사용이 가능하므로 귀 질의의 안전관리자 인건비가 건설업 산업안전보건관리비 계상 및 사용기준(고용노동부 고시 제2010-10호, 2010.08.09.) [별표 2] '안전관리비의 항목별 사용내역'상 1번 항목(안전관리자 등의 인건비 및 각종 업무수당)에서 규정하고 있는 대로 사용되었다면 소급하여 정산이 가능하며 또한, 동 현장의 협력업체에서 기사용한 안전관리비에 대해서도 정산이 가능합니다.

(안전보건정책과-970, 2010.08.31.)

해설

안전보건관리비는 사용목적에 대해서는 엄격하게 규정하고 있으나 사용 시기에 대해서는 별도로 정하고 있지 않다. 따라서 안전관리자의 인건비를 사용목적에 적합하게 사용하는 경우 그 사용 시기는 공사기간 내에서 소급해서 지급이 가능하다고 보인다. 이는 협력업체에서 사용한 안전보건관리비에 대해서도 마찬가지로 적용된다.

Q98. 공사종료 후 하도급자가 구입한 안전용품의 원도급자에게 반납 여부

질의

하도급자가 구입한 각종 안전용품을 공사가 끝났을 때 원도급자에게 반납하여야 하는지요?

회시

산업안전보건법시행규칙 제32조제1항의 규정에 의거 수급인 또는 자체사업을 행하는 자가 사업의 일부를 타인에게 도급하고자 하는 때에는 도급금액 또는 사업비에 계상된 산업안전보건관리비의 범위 안에서 그의 수급인에게 당해 사업의 위험도를 고려하여 적정하게 산업안전보건관리비를 지급하여 사용하게 할 수 있습니다.

다만, 원도급자가 하도급자에게 안전관리비를 지급하여 하도급자가 그에 상당하는 안전용품을 구입 사용 후 반납여부에 대해서는 정한 바가 없으므로 계약 당사자 간에 회계관계법령 등을 참조하여 처리하여야 할 것으로 사료됩니다.

(산안(건안) 68307-30, 2000.01.11.)

해설

질의의 경우에도 안전보건관리비로 구입한 안전용품의 회계처리가 문제가 된다. 일반적으로 건설공사에 투입되는 내구성이 있는 장비 등에 대해서는 공사기간에 대한 손료개념으로 회계처리를 한다. 안전보건관리비로 구입한 내구성이 있는 자재 등에 대해서도 손료개념으로 처리하는 것이 합리적이다. 안전보건관리비가 특정 공사를 대상으로 계상하고 사용하도록 하고 있기 때문이다.

그러나 손료처리하는 것이 현실적으로 회계처리 과정이 복잡해지고 지도감독하기도 쉽지 않은 난점이 있다. 이 때문에 자재의 구입비를 전부 인정해주고 있다. 대신에 한 번 구입한 자재를 다른 현장으로 전용하는 경우 자재비는 인정해주지 않는다.

하도급자가 구입한 안전용품에 대해서도 마찬가지이다. 구입비를 전액 안전보건관리비로 사용할 수 있고, 원도급자에게 반납할 의무는 없다. 회계관계법령에도 이에 대해 구체적으로 정하고 있지는 않을 것으로 예상된다. 하도급자가 다른 현장으로 전용하여 계속 사용하거나 원도급자에게 자율적으로 반납(이 경우 원도급자가 다른 현장으로 전용하여 계속 사용)하는 것이 바람직해 보인다.

Q99. 안전관리비 정산 시 부가가치세 포함 여부

질의

1. 도급금액에 부가세가 포함되었을 때 안전관리비의 계상을 부가세 포함된 금액의 70%에 1.88%를 적용하는 것이 옳은지, 부가세를 제외한 도급금액의 70%에 1.88%를 적용하는 것이 옳은지, 아니면 둘 다 가능한지, 둘 다 가능하다면 도급금액의 부가세 포함유무에 따라서 계상된 안전관리비의 실집행에 있어서도 부가세 포함유무가 결정되는지요?

2. 부가세 포함된 도급금액을 대상으로 계상된 안전관리비가 부가세 포함하여 집행이 가능하다면 공사기간 동안 부가세를 제외하여 안전관리비를 집행하였을 경우 준공 정산 시 총 집행금액에 110% 하여 정산이 가능한지요?

회시

1. 건설업 산업안전보건관리비 계상 시 대상액이 구분되지 않아 총 공사금액의 70%를 대상액으로 하는 경우 총 공사금액에는 부가가

치세가 포함이 된 금액이므로 이 경우 산업안전보건관리비는 부가가치세가 포함된 금액의 70%에 공사의 종류에 따른 요율을 곱하여 계상하여야 합니다.

2. 이 경우 부가가치세는 산업안전보건관리비가 아닌 총 공사금액에 포함되어 있는 것으로 이를 기준으로 계상한 산업안전보건관리비에는 부가가치세가 포함되어 있지 않습니다. 그러나, 안전관리비를 포함한 공사에 소요되는 모든 비용에 대하여 최종적으로 부가가치세를 추가하여 총 공사금액이 결정되므로 시공사가 실제 받는 산업안전보건관리비는 당초 계상된 산업안전보건관리비에 부가가치세를 포함한 금액이 됩니다.

3. 따라서, 산업안전보건관리비의 정산시 부가가체세 포함 여부는 위 "2"의 어느 경우를 산업안전보건관리비의 총액으로 보느냐에 따른 다시 말해 부가가치세를 포함한 금액을 당해 현장의 산업안전보건관리비의 총액으로 보느냐의 여부에 따라 정산 시 부가가치세를 포함하느냐의 여부가 판단되어야 할 것입니다.

(산안(건안) 68307-10334, 2001.07.21.)

해설

안전보건관리비 정산시 부가가치세를 포함하여야 하는지 여부는 명확하다. 안전보건관리비 총액에 부가가치세가 포함되어 있으면 정산시도 포함하여야 하고, 안전보건관리비 총액에 부가가치세가 포함되어 있지 않으면 정산시도 포함하지 않아야 한다.

대상액이 구분되어 있지 않아 총 공사금액의 70%를 대상액(총 공사금액에는 부가가치세가 포함되어 있음)으로 삼고 계상하는 경우에 당초 계상하는 안전보건관리비에는 부가가치세가 포함되어 있지 않으나, 모든 공사비 항목에 대하여 일률적으로 부가가치세를 추가하여 도급계약을 체결하므로 최종 지급받는 안전보건관리비는 부가가치세가 포함된 금액이 된다.

따라서 정산도 부가가치세가 포함된 금액으로 하면 될 것이다. 굳이 부가가치세가 포함되지 않은 '당초'의 금액을 안전보건관리비로 보고 정산한다면 부가가치세를 뺀 금액으로 정산하여야 한다.

Q100. 하도급업체에 지급된 안전관리비 감액조치가 가능한지 여부

질의

1. **하도급의**(전문건설업) **안전관리비 서류를 기간 내 제출하지 않을 시에 안전관리비를 반영하지 않아도 되는지, 즉 원청의 권한으로 감액조치가 가능한지요?**

2. **하도급의 안전관리비 작성서류 중 사진 등 자료가 불충분할 경우에 그 금액의 감액조치가 가능한지요?**

회시

1. 산업안전보건법 제30조 및 동법 시행규칙 제32조 규정에 의하면 수급인 또는 자체사업을 하는 자가 사업의 일부를 타인에게 도급하고자 하는 때에는 법 제30조제1항의 규정에 의하여 도급금액 또는 사업비에 계상된 산업안전보건관리비의 범위 안에서 그의 수급인에게 당해 사업의 위험도를 고려하여 적정하게 산업안전보건관리비를 지급하여 사용하게 할 수 있다고 규정되어 있고 산업안전보건법 시행령 제24조에 의하면 안전보건총괄책임자는 수급업체의

산업안전보건관리비 집행감독이 가능하다고 규정되어 있으므로 하도급업체의 산업안전보건관리비 사용사실 확인을 위해서라면 추가 자료의 제출요구 등 그 사용에 대해 확인·감독을 할 수 있습니다.

2. 또한, 건설업 산업안전보건관리비 계상 및 사용기준(노동부고시 제 2001-22호, 2001.02.16.) 제8조에 "발주자는 수급인이 법 제30조제2항 의 규정에 위반하여 안전관리비를 다른 목적으로 사용하거나 사용하지 아니한 금액에 대해서는 이를 계약금액에서 감액조정하거나 반환을 요구할 수 있다"고 규정되어 있는바, 원도급인은 하도급인에 게 계상된 안전관리비의 사용에 대하여 확인하고 그 결과 적법하게 사용하지 아니한 것으로 확인된 안전관리비에 대해서 위 규정에 의하여 발주자로 하여금 감액하거나 환수조치를 하도록 할 수 있을 것으로 사료됩니다.

(산안(건안) 68307-10606, 2001.12.12.)

해설

이 질의회시는 원칙과 현실 사이에 차이가 있음을 보여주는 사례다. 원도급업체에서 하도급업체에게 배분한 안전보건관리비의 사용에 대해서 확인하고 감독할 수 있는 권한이 있다. 그러나 확인을 위한 자료 제출이 충분하지 않을 경우 조치는 어떻게 할 수 있을까.

회시의 내용처럼 적법하게 사용하지 아니한 안전보건관리비를 감액하거나 환수 조치하는 권한은 발주자에게 있다. 원도급자가 직접 이러한 조치를 할 수는 없고 발주자를 통해서 가능하다는 얘기다. 또한 하도급자가 사용내역에 대한 자료 제출을 부실하게 한 경우라도 실제로 규정에 어긋나게 사용한 것이 아니라면 이를 곧바로 부정사용으로 보기 어렵다. 실제로 위법하게 사용했는지를 확인한 연후에 비로소 조치가 가능하다고 보아야 한다.

요약하면, 하도급자가 배분된 안전보건관리비를 적법하게 사용하지 않은 경우 원칙적으로 감액이나 환수조치가 가능한 방법이 있지만 실제에 있어서 그 과정이 쉽지만은 않다고 볼 수 있다. 역시 당사자 간에 자료제출 내역 등에 대해서 명확히 정하고 이를 준수하는 신뢰가 선행되어야 한다.

질의

현장 감리단에서 매월 안전관리비 집행에 있어 매월 계획을 올리고
매회 반입 시마다 감리원의 검측을 받고 승인하에 집행하라고 하는
데 절차상의 문제 및 필요한 시점에 집행이 늦어질 가능성도 있고
제대로 집행이 어려운 점이 있습니다.

발주처 및 감리단에서는 시공사에서 집행 후 증빙에 따른 확인감독
만 했지 이렇게까지 할 필요성은 없다고 보고 집행에 불합리한 점이
있으면 그때 확인을 하든지 그렇게 하는 것이 타당하다고 사료되는
데 어떤가요?

회시

건설업 산업안전보건관리비 계상 및 사용기준(노동부고시 제2002-15호,
2002.07.22.) 제9조에서 발주자는 수급인의 안전관리비 사용관리에 대
하여 수시 확인할 수 있으며 수급인은 이에 응하여야 한다고 규정하
고 있는바, 발주자(감리원)는 시공사의 산업안전보건관리비 적정 사용

여부에 대해 확인이 가능합니다.

그러나, 안전관리비를 사용하기 전에 그 사용에 대하여 발주자의 승
인을 받도록 한 산업안전보건법령상의 규정은 없습니다.

(산안(건안) 68307-10538, 2002.12.23.)

해설

안전보건관리비의 사용에 대한 감리원(발주자)의 확인 권한이 어디까
지인지는 법령에 정해진 바는 없고 이를 일일이 정하는 것도 무리이
다. 시공자와 감리원이 현장의 특성을 감안하여 적절한 방안을 찾을
수밖에 없는데 다른 시공자재를 검수하는 정도에 따르면 합리적일 수
있겠다. 무엇보다 확인 절차를 사전에 명확히 정해놓는 것이 집행과정
에서 불필요한 다툼을 줄일 수 있어 바람직해 보인다.

부록

산업안전보건 관리비의 계상 및 사용기준

[고용노동부 고시 제2022-43호]

【제1장】 총 칙

제1조(목적)

이 고시는 「산업안전보건법」 제72조, 같은 법 시행령 제59조 및 제60조와 같은 법 시행규칙 제89조에 따라 건설업의 산업안전보건관리비 계상 및 사용기준을 정함을 목적으로 한다.

제2조(정의)

① 이 고시에서 사용하는 용어의 뜻은 다음과 같다.

1. "건설업 산업안전보건관리비"(이하 "안전보건관리비"라 한다)란 산업재해 예방을 위하여 건설공사 현장에서 직접 사용되거나 해당 건설업체의 본점 또는 주사무소(이하 "본사"라 한다)에 설치된 안전전담부서에서 법령에 규정된 사항을 이행하는 데 소요되는 비용을 말한다.

2. "안전보건관리비 대상액"(이하 "대상액"이라 한다)이란 「예정가격 작성기준」(기획재정부 계약예규) 및 「지방자치단체 입찰 및 계약집행기준」(행정안전부 예규) 등 관련 규정에서 정하는 공사원가계산서 구성항목 중 직접재료비, 간접재료비와 직접노무비를 합한 금액(발주자가 재료를 제공할 경우에는 해당 재료비를 포함한다)을 말한다.

3. "자기공사자"란 건설공사의 시공을 주도하여 총괄·관리하는 자 (건설공사발주자로부터 건설공사를 최초로 도급받은 수급인은 제외한다)를 말한다.

4. "감리자"란 다음 각 목의 어느 하나에 해당하는 자를 말한다.

　　가. 「건설기술진흥법」 제2조제5호에 따른 감리 업무를 수행하는 자

　　나. 「건축법」 제2조제1항제15호의 공사감리자

　　다. 「문화재수리 등에 관한 법률」 제2조제12호의 문화재감리원

　　라. 「소방시설공사업법」 제2조제3호의 감리원

　　마. 「전력기술관리법」 제2조제5호의 감리원

　　바. 「정보통신공사업법」 제2조제10호의 감리원

　　사. 그 밖에 관계 법률에 따라 감리 또는 공사감리 업무와 유사한 업무를 수행하는 자

② 그 밖에 이 고시에서 사용하는 용어의 정의는 이 고시에 특별한 규정이 없으면 「산업안전보건법」(이하 "법"이라 한다), 같은 법 시행령(이하 "영"이라 한다), 같은 법 시행규칙(이하 "규칙"이라 한다), 예산회계 및 건설관계법령에서 정하는 바에 따른다.

제3조(적용범위)

이 고시는 법 제2조제11호의 건설공사 중 총공사금액 2천만 원 이상인 공사에 적용한다. 다만, 다음 각 호의 어느 하나에 해당되는 공사 중 단가계약에 의하여 행하는 공사에 대하여는 총계약금액을 기준으로 적용한다.

1. 「전기공사업법」 제2조에 따른 전기공사로서 저압·고압 또는 특별고압 작업으로 이루어지는 공사

2. 「정보통신공사업법」 제2조에 따른 정보통신공사

【제2장】 안전보건관리비의 계상 및 사용

제4조(계상의무 및 기준)

① 건설공사발주자(이하 "발주자"라 한다)가 도급계약 체결을 위한 원가계산에 의한 예정가격을 작성하거나, 자기공사자가 건설공사 사업계획을 수립할 때에는 다음 각 호와 같이 안전보건관리비를 계상하여야 한다. 다만, 발주자가 재료를 제공하거나 일부 물품이 완제품의 형태로 제작·납품되는 경우에는 해당 재료비 또는 완제품 가액을 대상액에 포함하여 산출한 안전보건관리비와 해당 재료비 또는 완제품 가액을 대상액에서 제외하고 산출한 안전보건관리비의 1.2배에 해당하는 값을 비교하여 그중 작은 값 이상의 금액으로 계상한다.

1. 대상액이 5억 원 미만 또는 50억 원 이상인 경우: 대상액에 별표 1에서 정한 비율을 곱한 금액

2. 대상액이 5억 원 이상 50억 원 미만인 경우: 대상액에 별표 1에서 정한 비율을 곱한 금액에 기초액을 합한 금액

3. 대상액이 명확하지 않은 경우: 제4조제1항의 도급계약 또는 자체
   사업계획상 책정된 총공사금액의 10분의 7에 해당하는 금액을
   대상액으로 하고 제1호 및 제2호에서 정한 기준에 따라 계상

② 발주자는 제1항에 따라 계상한 안전보건관리비를 입찰공고 등을 통
   해 입찰에 참가하려는 자에게 알려야 한다.

③ 발주자와 법 제69조에 따른 건설공사도급인 중 자기공사자를 제외하
   고 발주자로부터 해당 건설공사를 최초로 도급받은 수급인(이하 "도급
   인"이라 한다)은 공사계약을 체결할 경우 제1항에 따라 계상된 안전보건
   관리비를 공사도급계약서에 별도로 표시하여야 한다.

④ 별표 1의 공사의 종류는 별표 5의 건설공사의 종류 예시표에 따른다.
   다만, 하나의 사업장 내에 건설공사 종류가 둘 이상인 경우(분리발주한
   경우를 제외한다)에는 공사금액이 가장 큰 공사종류를 적용한다.

⑤ 발주자 또는 자기공사자는 설계변경 등으로 대상액의 변동이 있는 경
   우 별표 1의 3에 따라 지체 없이 안전보건관리비를 조정 계상하여야
   한다. 다만, 설계변경으로 공사금액이 800억 원 이상으로 증액된 경
   우에는 증액된 대상액을 기준으로 제1항에 따라 재계상한다.

제5조(계상방법 및 계상시기 등) 〈삭제〉

제6조(수급인등의 의무) 〈**삭제**〉

제7조(사용기준)

① 도급인과 자기공사자는 안전보건관리비를 산업재해예방 목적으로 다음 각 호의 기준에 따라 사용하여야 한다.

  1. 안전관리자·보건관리자의 임금 등

    가. 법 제17조제3항 및 법 제18조제3항에 따라 안전관리 또는 보건관리 업무만을 전담하는 안전관리자 또는 보건관리자의 임금과 출장비 전액

    나. 안전관리 또는 보건관리 업무를 전담하지 않는 안전관리자 또는 보건관리자의 임금과 출장비의 각각 2분의 1에 해당하는 비용

    다. 안전관리자를 선임한 건설공사 현장에서 산업재해 예방 업무만을 수행하는 작업지휘자, 유도자, 신호자 등의 임금 전액

    라. 별표 1의2에 해당하는 작업을 직접 지휘·감독하는 직·조·반장 등 관리감독자의 직위에 있는 자가 영 제15조제1항에서 정하는 업무를 수행하는 경우에 지급하는 업무수당(임금의 10분의 1 이내)

  2. 안전시설비 등

    가. 산업재해 예방을 위한 안전난간, 추락방호망, 안전대 부착설비, 방호장치(기계·기구와 방호장치가 일체로 제작된 경우, 방호장치 부분의 가액에 한함) 등 안전시설의 구입·임대 및 설치를 위해 소요되는 비용

    나. 「건설기술진흥법」 제62조의3에 따른 스마트 안전장비 구입·임대 비

용의 5분의 1에 해당하는 비용. 다만, 제4조에 따라 계상된 안전보
건관리비 총액의 10분의 1을 초과할 수 없다.

다. 용접 작업 등 화재 위험작업 시 사용하는 소화기의 구입·임대비용

3. 보호구 등

가. 영 제74조제1항제3호에 따른 보호구의 구입·수리·관리 등에 소요
되는 비용

나. 근로자가 가목에 따른 보호구를 직접 구매·사용하여 합리적인 범
위 내에서 보전하는 비용

다. 제1호가목부터 다목까지의 규정에 따른 안전관리자 등의 업무용
피복, 기기 등을 구입하기 위한 비용

라. 제1호가목에 따른 안전관리자 및 보건관리자가 안전보건 점검 등
을 목적으로 건설공사 현장에서 사용하는 차량의 유류비·수리비·
보험료

4. 안전보건진단비 등

가. 법 제42조에 따른 유해위험방지계획서의 작성 등에 소요되는 비용

나. 법 제47조에 따른 안전보건진단에 소요되는 비용

다. 법 제125조에 따른 작업환경 측정에 소요되는 비용

라. 그 밖에 산업재해예방을 위해 법에서 지정한 전문기관 등에서 실시
하는 진단, 검사, 지도 등에 소요되는 비용

5. 안전보건교육비 등

가. 법 제29조부터 제31조까지의 규정에 따라 실시하는 의무교육이나

이에 준하여 실시하는 교육을 위해 건설공사 현장의 교육 장소 설치·운영 등에 소요되는 비용

나. 가목 이외 산업재해 예방 목적을 가진 다른 법령상 의무교육을 실시하기 위해 소요되는 비용

다. 안전보건관리책임자, 안전관리자, 보건관리자가 업무수행을 위해 필요한 정보를 취득하기 위한 목적으로 도서, 정기간행물을 구입하는 데 소요되는 비용

라. 건설공사 현장에서 안전기원제 등 산업재해 예방을 기원하는 행사를 개최하기 위해 소요되는 비용. 다만, 행사의 방법, 소요된 비용 등을 고려하여 사회통념에 적합한 행사에 한한다.

마. 건설공사 현장의 유해·위험요인을 제보하거나 개선방안을 제안한 근로자를 격려하기 위해 지급하는 비용

6. 근로자 건강장해예방비 등

가. 법·영·규칙에서 규정하거나 그에 준하여 필요로 하는 각종 근로자의 건강장해 예방에 필요한 비용

나. 중대재해 목격으로 발생한 정신질환을 치료하기 위해 소요되는 비용

다. 「감염병의 예방 및 관리에 관한 법률」 제2조제1호에 따른 감염병의 확산 방지를 위한 마스크, 손소독제, 체온계 구입비용 및 감염병병원체 검사를 위해 소요되는 비용

라. 법 제128조의 2 등에 따른 휴게시설을 갖춘 경우 온도, 조명 설치·관리기준을 준수하기 위해 소요되는 비용

7. 법 제73조 및 제74조에 따른 건설재해예방전문지도기관의 지도에 대한 대가로 지급하는 비용

8. 「중대재해 처벌 등에 관한 법률」 시행령 제4조제2호나목에 해당하는 건설사업자가 아닌 자가 운영하는 사업에서 안전보건 업무를 총괄·관리하는 3명 이상으로 구성된 본사 전담조직에 소속된 근로자의 임금 및 업무수행 출장비 전액. 다만, 제4조에 따라 계상된 안전보건관리비 총액의 20분의 1을 초과할 수 없다.

9. 법 제36조에 따른 위험성평가 또는 「중대재해 처벌 등에 관한 법률 시행령」 제4조제3호에 따라 유해·위험요인 개선을 위해 필요하다고 판단하여 법 제24조의 산업안전보건위원회 또는 법 제75조의 노사협의체에서 사용하기로 결정한 사항을 이행하기 위한 비용. 다만, 제4조에 따라 계상된 안전보건관리비 총액의 10분의 1을 초과할 수 없다.

② 제1항에도 불구하고 도급인 및 자기공사자는 다음 각 호의 어느 하나에 해당하는 경우에는 안전보건관리비를 사용할 수 없다. 다만, 제1항제2호나목 및 다목, 제1항제6호나목부터 라목, 제1항제9호의 경우에는 그러하지 아니하다.

1. 「(계약예규)예정가격작성기준」 제19조제3항 중 각 호(단, 제14호는 제외한다)에 해당되는 비용

2. 다른 법령에서 의무사항으로 규정한 사항을 이행하는 데 필요한

비용

3. 근로자 재해예방 외의 목적이 있는 시설·장비나 물건 등을 사용하기 위해 소요되는 비용

4. 환경관리, 민원 또는 수방대비 등 다른 목적이 포함된 경우

③ 도급인 및 자기공사자는 별표 3에서 정한 공사진척에 따른 안전보건관리비 사용기준을 준수하여야 한다. 다만, 건설공사발주자는 건설공사의 특성 등을 고려하여 사용기준을 달리 정할 수 있다.

④ 〈삭제〉

⑤ 도급인 및 자기공사자는 도급금액 또는 사업비에 계상된 안전보건관리비의 범위에서 그의 관계수급인에게 해당 사업의 위험도를 고려하여 적정하게 안전보건관리비를 지급하여 사용하게 할 수 있다.

제8조(사용금액의 감액·반환 등)

발주자는 도급인이 법 제72조제2항에 위반하여 다른 목적으로 사용하거나 사용하지 않은 안전보건관리비에 대하여 이를 계약금액에서 감액조정하거나 반환을 요구할 수 있다.

제9조(사용내역의 확인)

① 도급인은 안전보건관리비 사용내역에 대하여 공사 시작 후 6개월마다 1회 이상 발주자 또는 감리자의 확인을 받아야 한다. 다만, 6개월 이내에 공사가 종료되는 경우에는 종료 시 확인을 받아야 한다.

② 제1항에도 불구하고 발주자, 감리자 및 「근로기준법」 제101조에 따른 관계 근로감독관은 안전보건관리비 사용내역을 수시 확인할 수 있으며, 도급인 또는 자기공사자는 이에 따라야 한다.

③ 발주자 또는 감리자는 제1항 및 제2항에 따른 안전보건관리비 사용내역 확인 시 기술지도 계약 체결, 기술지도 실시 및 개선 여부 등을 확인하여야 한다.

제10조(실행예산의 작성 및 집행 등)

① 공사금액 4천만 원 이상의 도급인 및 자기공사자는 공사실행예산을 작성하는 경우에 해당 공사에 사용하여야 할 안전보건관리비의 실행예산을 계상된 안전보건관리비 총액 이상으로 별도 편성해야 하며, 이에 따라 안전보건관리비를 사용하고 별지 제1호서식의 안전보건관리비 사용내역서를 작성하여 해당 공사현장에 갖추어 두어야 한다.

② 도급인 및 자기공사자는 제1항에 따른 안전보건관리비 실행예산을 작성하고 집행하는 경우에 법 제17조와 영 제16조에 따라 선임된 해당 사업장의 안전관리자가 참여하도록 하여야 한다.

③ 〈삭제〉

【제3장】 보 칙

제11조(기술지도 횟수 등) 〈삭제〉

제12조(재검토기한)

고용노동부 장관은 이 고시에 대하여 2022년 1월 1일 기준으로 매 3년이 되는 시점(매 3년째의 12월 31일까지를 말한다)마다 그 타당성을 검토하여 개선 등의 조치를 하여야 한다.

부 칙

제1조(시행일)

이 고시는 발령한 날부터 시행한다.

제2조(건설재해예방전문지도기관의 기술지도에 관한 경과규정)

2022년 8월 17일 이전까지 건설재해예방전문지도기관과 체결한 기술지도 계약에 관한 안전보건관리비의 사용기준은 제7조제1항제7호 및

제11조의 개정에도 불구하고 종전의 규정을 따른다.

【별표 1】(개정, 2018.10.05.) **공사종류 및 규모별 안전관리비 계상기준표**

구 분 공사종류	대상액 5억 원 미만인 경우 적용비율 (%)	대상액 5억 원 이상 50억 원 미만인 경우		대상액 50억 원 이상인 경우 적용비율 (%)	영 별표5에 따른 보건관리자 선임 대상 건설공사의 적용비율 (%)
		적용비율 (%)	기초액		
일반건설공사 (갑)	2.93%	1.86%	5,349,000원	1.97%	2.15%
일반건설공사 (을)	3.09%	1.99%	5,499,000원	2.10%	2.29%
중건설공사	3.43%	2.35%	5,400,000원	2.44%	2.66%
철도 · 궤도 신설공사	2.45%	1.57%	4,411,000원	1.66%	1.81%
특수 및 기타 건설공사	1.85%	1.20%	3,250,000원	1.27%	1.38%

(단위: 원)

【별표 1의 2】

관리감독자 안전보건업무 수행 시 수당지급 작업

1. 건설용리프트·곤돌라를 이용한 작업

2. 콘크리트 파쇄기를 사용하여 행하는 파쇄작업 (2미터 이상인 구축물 파쇄
   에 한정한다)

3. 굴착 깊이가 2미터 이상인 지반의 굴착작업

4. 흙막이지보공의 보강, 동바리 설치 또는 해체작업

5. 터널 안에서의 굴착작업, 터널거푸집의 조립 또는 콘크리트 작업

6. 굴착면의 깊이가 2미터 이상인 암석 굴착 작업

7. 거푸집지보공의 조립 또는 해체작업

8. 비계의 조립, 해체 또는 변경작업

9. 건축물의 골조, 교량의 상부구조 또는 탑의 금속제의 부재에 의하여 구성되는 것(5미터 이상에 한정한다)의 조립, 해체 또는 변경작업

10. 콘크리트 공작물(높이 2미터 이상에 한정한다)의 해체 또는 파괴 작업

11. 전압이 75볼트 이상인 정전 및 활선작업

12. 맨홀작업, 산소결핍장소에서의 작업

13. 도로에 인접하여 관로, 케이블 등을 매설하거나 철거하는 작업

14. 전주 또는 통신주에서의 케이블 공중가설작업

15. 영 별표 2의 위험방지가 특히 필요한 작업

[별표 1의 3](신설, 2018.10.5.)

설계변경 시 안전관리비 조정·계상방법

1. 설계변경에 따른 안전관리비는 다음 계산식에 따라 산정한다.

   · 설계변경에 따른 안전관리비 = 설계변경 전의 안전관리비 + 설계변경으로 인한 안전관리비 증감액

2. 제1호의 계산식에서 설계변경으로 인한 안전관리비 증감액은 다음

계산식에 따라 산정한다.

· 설계변경으로 인한 안전관리비 증감액 = 설계변경 전의 안전관리비 × 대상액의 증감 비율

3. 제2호의 계산식에서 대상액의 증감 비율은 다음 계산식에 따라 산정한다. 이 경우, 대상액은 예정가격 작성시의 대상액이 아닌 설계변경 전·후의 도급계약서상의 대상액을 말한다.

· 대상액의 증감 비율 = [(설계변경 후 대상액 − 설계변경 전 대상액) / 설계변경 전 대상액] × 100%

[별표 2] 〈삭제〉

[별표 3] 공사진척에 따른 안전관리비 사용기준

공정율	50퍼센트 이상 70퍼센트 미만	70퍼센트 이상 90퍼센트 미만	90퍼센트 이상
사용기준	50퍼센트 이상	70퍼센트 이상	90퍼센트 이상

※ 공정률은 기성공정률을 기준으로 한다.

[별표 4] 〈삭제〉

[별표 5] 건설공사의 종류 예시표

공사종류	내 용 예 시

1. 일반건설
공사(갑)
	☐ 중건설공사, 철도 또는 궤도건설공사, 기계장치공사 이외의 건축건설, 도로신설 등 공사와 이에 부대하여 해당 공사를 현장 내에서 행하는 공사
	
	가. 건축물 등의 건설공사
	(1) 건축건설공사와 이에 부대하여 해당 공사현장 내에서 행하여지는 공사
	
	(2) 목조, 연와조, 블록조, 석조, 철근콘크리트조 등의 건물 건설공사
	  - 건축물의 신설공사와 그의 보수 및 파괴공사 또는 이에 부대하여 행하여지는 건설공사
	
	(3) 주택, 축사, 가건물, 창고, 학교, 강당, 체육관, 사무소, 백화점, 점포, 공장, 발전소, 특수공장, 연구소, 병원, 기념탑, 기념건물, 역사 등을 신축, 개축, 보수, 파괴, 해체하는 건설공사
	
	(4) 철골, 철근 및 철근콘크리트조 가옥을 이축(移築)하는 공사
	
	(5) 구입한 철파이프를 절단, 벤딩(구부림), 조립하여 축사 등을 건설하는 공사
	
	(6) 건축물 설비공사
	(가) 해당 건축물 내외에서 행하는 설비 또는 부대공사
	  1) 해당 건축물 내외의 전기, 전등, 전신기 등의 설비공사
	  2) 해당 건축물 내외의 송배전선로, 전기배선, 전화선로, 네온장치 등의 부설공사
	  3) 해당 건축물 내외의 급수 및 급탕 등의 설비공사
	  4) 해당 건축물 내외의 안전 및 소화 등의 설비공사
	  5) 해당 건축물 내외의 난방, 냉방, 환기, 건조, 온 · 습도 조절 등의 설비공사
	  6) 해당 건축물의 도장공사 및 시멘트 취부 방수 공사
	  7) 해당 건축물의 설비를 위한 석축, 타일, 기와, 슬레이트 등을 부설하는 건설공사
	  8) 해당 건축물 내의 냉동기의 부설에 일관하여 행하여지는 난방 및 냉동 등의 시설에 관한 공사
	  9) 건축물 내의 아이스스케이팅 설비에 관한 공사
	  10) 그 밖의 건축물의 설비공사
	(나) 내장, 유리 등의 기타 전문 제공사

공사종류	내 용 예 시
1. 일반건설 공사(갑)	**(7) 교량건설공사** (가) 일반교량의 신설공사와 이에 부대하여 해당 공사장 내에서 행하는 건설공사 (나) 기설교량의 보수와 개수에 관한 공사, 교량에 교각, 교대 등 의 기초건설공사, 기타 교량의 보수 공사 (다) 선창의 건설공사 **나. 도로신설공사** (1) 도로신설에 관한 공사와 이에 부대하여 행하여지는 공사 (가) 도로 또는 광장의 신설공사 (나) 기설도로의 변경, 굴곡의 제거 및 확장공사 (다) 도로 및 광장의 포장공사(사리살포공사 포함한다) **다. 기타 건설공사** (1) 중건설공사, 철도 또는 궤도신설공사 (다만, 철도 또는 궤도의 신설공사에 단순히 노무용역과 건설기술만을 제공하는 사업 은 제외한다), 건축건설공사, 도로신설공사, 기계장치공사 이 외의 기타 건설공사와 이에 부대하여 해당 공사현장 내에서 행하는 건설공사 (가) 수력발전시설 및 댐시설 이외의 제방건설공사 (나) 기설터널의 보수 및 복구공사 (다) 기설의 도로 등의 개수, 복구 또는 유지관리의 공사 (라) 구내에서 인입선공사, 증선공사 등 (마) 옹벽축조의 건설공사 (바) 기설도로 또는 플랫홈 등의 포장공사(사리살포, 잔디붙이기 공사 등은 포함한다) (사) 공작물의 해체, 이동, 제거 또는 철거의 공사 (아) 철골조, 철근조, 철근콘크리트조 등의 고가철도의 신설공사 와 이에 부대하여 해당 공사현장 내에서 행하는 건설공사 (자) 지반으로부터 10m 이내의 지하에 복개식으로 시공하는 지하 도, 지하철도, 지하상가 또는 통신선로 등의 인입통신구의 신 설공사와 이에 부대하여 해당 공사현장 내에서 행하는 건설 공사 (차) 하천의 연제(언제: 제방도로), 제방수문, 통문, 갑문 등의 신 설개수에 관한 공사 (카) 관개용수로, 그 밖의 각종 수로의 신설개수, 유지에 관한 공사 (타) 운하 및 수로 또는 이의 부속건물의 건설공사

공사종류	내 용 예 시
1. 일반건설 공사(갑)	(파) 저수지, 광독침전지 수영장 등의 건설공사 (하) 사방설비의 건설공사(거) 해안 또는 항만의 방파제, 안벽 등의 건설공사(중건설공사의 고제방(댐) 등 신설공사 이외의 공사를 말한다) (너) 호반, 하천 또는 해면의 준설, 간척 또는 매립 등의 공사 (더) 비행장, 골프장, 경마장 또는 경기장의 조성에 관한 공사 (러) 개간, 경지정리, 부지 또는 광장의 조성공사 (머) 지하에 구축하는 각종 물탱크의 건설공사(기초공사를 포함한다) (버) 철관, 콘크리트관, 케이블류, 가스관, 흄관, 지중선, 동재 등의 매설공사 (서) 침몰된 공작물의 인양공사 (어) 수중오물 수거작업공사 (저) 그 밖의 각종 건설공사(건설공사를 위한 시추공사를 포함하나 광업시추 및 시굴공사는 제외한다)(처) 각종 운동장 스탠드 건설공사 (커) 체토사(쌓여서 막힌 흙과 모래)의 붕괴 및 낙석 등의 방지벽 건설공사와 이와 부대하여 해당 공사장 내에서 행하는 각종 공사 (터) 과선교(구름다리)의 건설공사 (퍼) 철탑, 연돌(굴뚝), 풍동 등의 건설공사 (허) 광고탑, 탱크 등의 건설공사 (고) 문, 담장, 축대, 정원 등의 건설공사 (노) 용광로의 건설공사 (도) 전차궤도의 송전가선의 건설공사와 그 보수공사 (로) 송전선로, 통신선로 또는 철관의 건설공사 및 기계장치의 산세정 공사 (모) 신호기의 건설공사 (보) 하수도관 세척공사 (소) 무대셋트 제작, 조립, 도색, 도배, 철거공사 (오) 그 밖의 각종 건설공사 (조) 일반 경상보수의 용역사업은 이에 분류 (2) 일반건설공사(을), 중건설공사, 철도·궤도신설공사, 특수 및 기타 건설공사의 사업에 직접적으로 관련하여 행하지 않는다고 인정되는 건설공사로서 다른 것에 분류하지 아니한 건설공사

공사종류	내 용 예 시
2. 일반건설 공사(을)	□ 각종의 기계·기구장치 등을 설치하는 공사 가. 기계장치공사 (1) 각종 기계·기구장치를 위한 조립 및 부설공사와 이에 부대 　　하여 행하여지는 건설공사 (가) 각종의 기계 및 기구장치를 위한 기초처리 공사 (나) 기계 및 기구장치를 위한 기계대 건설공사 (다) 보일러, 기중기, 양중기 등의 조립 및 부설공사 (라) 전기수진기, 공기압축기, 건조기, 각종 운반기 등의 조립 및 　　부설공사 (마) 석유정제장치, 펌프제조장치 등과 같은 기계·기구의 조립 　　또는 부설공사 (바) 삭도 건설공사 (사) 화력 및 원자력발전시설의 설치공사 (아) 변전소 설치 및 수리공사(자) 그 밖의 각종 기계 및 기구의 　　설치공사 또는 해체공사 (차) 기계장치의 수리공사 (카) 승강기 및 에스컬레이터의 설치공사 (타) 화력, 원자력 및 수력발전소의 수리공사(다만 산세정공사는 　　제외한다) (파) 공해방지시설 및 폐수처리시설 공사 (하) 도시가스제조 및 공급설비공사 (거) 통신장비(컴퓨터 통신장비를 포함한다)의 설치, 이전, 철거공사
3. 중건설공사	□ 고제방(댐), 수력발전시설, 터널 등을 신설하는 공사 가. 고제방(댐) 등 신설공사 (1) 제방의 기초지반(터파기 밑나비가 10m 이상인 경우에는 　　그 최심부: 기초지반의 최심부는 말뚝선단의 위치임. 다 　　만, 잔교식공법의 경우는 제외한다)에서 그 정상까지의 　　높이가 20m 이상 되는 제방 및 해안 또는 항만의 방파 　　제, 안벽 등의 신설에 관한 공사와 이에 부대하여 해당 공 　　사장 내에서 행하여지는 건설공사 (가) 제방의 신설에 관한 가설공사 또는 기초공사 (나) 제방의 신설 공사장 내에서 시공하는 제방체, 배사구(쌓인 모 　　래를 내보내는 출구를 말한다), 가제방, 골재채취, 송전선로, 　　철탑, 발전소, 변전소 등의 시설공사

공사종류	내 용 예 시
3. 중건설공사	(다) 제방공사용 자재의 운반을 하기 위한 도로, 철도 또는 궤도의 건설공사 (라) 제방의 신설에 따른 취수구, 배수로, 가배수로, 여수로, 하수구의 복개, 물탱크 등의 취수시설에 관한 공사 (마) 제방의 신설에 따른 수력발전시설용의 터널 또는 토석제방 등의 신설에 관한 공사 (바) 제방의 신설에 따른 기설의 수력발전소의 수로를 이용하여 유수량의 조절 등을 목적으로 시공하는 저수지의 신설공사 (사) 제방의 신설에 따른 수력발전시설의 신설공사용의 각종 기계의 철관의 조립 또는 그 부설공사(아) 제방의 신설에 따른 홍수조절 관계용수로 또는 발전 등의 사업에 이용하기 위한 다목적댐 건설공사 (자) 제방의 신설공사를 건설하기 위하여 해당 건설업자의 사무소, 종업원의 숙사, 취사장 등을 건설하는 공사 (차) 해안 또는 항만의 방파제, 안벽 등의 건설공사와 이에 부대하여 해당 공사장에서 시행하는 건설공사 **나. 수력발전시설 설비공사** (1) 이 분야에서 수력발전시설 신설공사, 고제방(댐) 신설공사 및 터널신설공사 등과 이 공사에 부대하여 해당 공사현장에서 행하여지는 공사 (가) 수력발전시설의 신설공사에 관한 가설공사 또는 기초공사 (나) 수력발전시설의 신설공사장에서 시공하는 제방체, 배사구, 가제방, 골재채취, 송전선로, 철탑, 발전소, 변전소 등의 건설공사 (다) 수력발전시설의 신설공사용 자재의 운반을 하기 위한 도로, 철도 또는 궤도의 건설공사 (라) 수력발전시설의 신설에 따른 취수구, 배수로, 가배수로, 여수로, 하수구의 복개, 물탱크 등의 취수시설에 관한 공사 (마) 수력발전시설용의 터널 또는 토목제방 등의 신설에 관한 공사 (바) 기설의 수력발전소의 수로를 이용하여 유출량의 조절 등을 목적으로 시공되는 수력발전조절지(저수지)의 신설공사 (사) 수력발전시설의 신설공사용 배치플랜트, 시멘트 사이로, 골재 운반용의 벨트, 컨베이어 등의 기계와 철관의 조립 또는 부설공사 (아) 수력발전시설에 따른 홍수조절관개용수 보급 또는 발전 등의 사업에 이용하기 위한 다목적댐 시설공사

공사종류	내 용 예 시
3. 중건설공사	(자) 수력발전의 신설공사를 위하여 해당 건설업자의 사무소, 종업원의 숙사, 취사장 등을 건설하는 공사 (차) 그 밖의 삭도건설공사 **다. 터널신설공사** (1) 터널 신설에 관한 건설공사와 이에 부대하여 행하는 내면설비공사 (가) 터널신설공사 현장에서 시공하는 가설공사, 갱도굴착공사, 토사 및 암괴지(바위지역을 말한다)의 운반처리공사, 배수시설공사 또는 터널내면설비공사 (나) 터널신설공사 현장에서 시공하는 노면포장, 사리의 살포, 궤도의 신설, 건축물의 건설, 전선의 가설, 전등 및 전화의 가설 등의 건설공사 (2) 지반에서 10m 이상의 지하까지 복개식으로 시공하는 지하철도, 지하도, 지하상가 및 통신선로 등의 인입통신구 신설공사와 이에 부대하여 해당 사업장에서 행하는 건설공사 (3) 굴착식으로 시공하는 지하철도 및 지하도신설 공사와 이에 부대하여 해당 공사장에서 행하는 건설공사
4. 철도 또는 궤도신설 공사	□ 철도 또는 궤도 등을 신설하는 공사 **가. 철도 또는 궤도 신설공사** (1) 철도 또는 궤도 신설에 관한 공사와 이에 부대하여 행하는 공사(기설 노반 또는 구조물에서 행하는 철도·궤도 신설공사에 한정한다) (가) 철도 및 궤도의 건설용 기계의 조립 또는 부설공사 (나) 철도 및 궤도 신설공사에 따른 역사·과선교, 송전선로 등의 건설공사 ※ 이 공사에서 신설이란 신설선의 건설, 단선을 복선으로 하는 경우 등 신설형태로 시공되는 것을 말한다.

공사종류	내 용 예 시
5. 특수 및 기타건설 공사	□ 다른 공사와 분리 발주되어 시간·장소적으로 독립하여 행하는 다음의 공사(다른 공사와 병행하여 행하는 경우에는 일반건설공사(갑)으로 분류한다) (1) 건설산업기본법에 의한 준설공사, 조경공사, 택지조성공사(경지정리공사를 포함한다), 포장공사 (2) 전기공사업법에 의한 전기공사 (3) 정보통신공사업법에 의한 정보통신공사

안전보건관리비 사용내역서

건설업체명		공 사 명	
소 재 지		대 표 자	
공사금액	원	공사기간	~
발 주 자		누계공정률	%
계 상 된 안전관리비			

사 용 금 액		
항목	( )월 사용금액	누계 사용금액
계		
1. 안전 · 보건관리자 임금 등		
2. 안전시설비 등		
3. 보호구 등		
4. 안전보건진단비 등		
5. 안전보건교육비 등		
6. 근로자 건강장해예방비 등		
7. 건설재해예방전문지도기관 기술지도비		
8. 본사 전담조직 근로자 임금 등		
9. 위험성평가 등에 따른 소요비용		

「건설업 산업안전보건관리비 계상 및 사용기준」 제10조제1항에 따라 위와 같이 사용내역서를 작성하였습니다.

년   월   일

작 성 자   직책   성명 (서명 또는 인)
확 인 자   직책   성명 (서명 또는 인)

항 목 별 사 용 내 역 (년 월)

1. 안전 · 보건관리자 임금 등

구 분	소 속	성 명	선임일	지급 금액	지급 내역	공 사 명	비 고

계	계상액 (계획)	전월까지 누계 (A)	금 월 (B)	누계 (A+B)

※ 주: 사용내역은 사용일자가 빠른 순서로 작성

항 목 별 사 용 내 역 (　　년　월)

2. 안전시설비 등

구 분	사용일	단위	수량	단 가			사용 금액	지급 내역	비 고
				노무비	자재비	계			

계	계상액 (계획)	전월까지 누계(A)	금 월(B)	누계 (A+B)

※ 주: 사용내역은 사용일자가 빠른 순서로 작성

항목별 사용내역 (년 월)

3. 보호구 등

구 분	계 획			사용일	소요 비용			지급 내역	비고
	단가	수량	금액		단가	수량	금액		

	계상액 (계획)	전월까지 누계(A)	금 월(B)	누계 (A+B)
계				

※ 주: 사용내역은 사용일자가 빠른 순서로 작성

항 목 별 사 용 내 역 (년 월)

4. 안전보건진단비 등

구 분	진단기관 (검사기관)	사용일	소요비용	지급 내역	비 고

계		계상액 (계획)	전월까지 누계(A)	금 월(B)	누계 (A+B)

※ 주: 사용내역은 사용일자가 빠른 순서로 작성

항 목 별 사 용 내 역 (년 월)

5. 안전보건교육비 등

교육과목	교육주관	교육일	참가인원	소요 경비	비 고

계	계상액 (계획)	전월까지 누계(A)	금 월(B)	누계 (A+B)

※ 주: 사용내역은 사용일자가 빠른 순서로 작성

항 목 별 사 용 내 역 (년 월)

6. 근로자 건강장해예방비 등

구 분	사용일	진단병원	참가인원	소요 경비	비 고

계	계상액 (계획)	전월까지 누계(A)	금 월(B)	누계 (A+B)

※ 주: 사용내역은 사용일자가 빠른 순서로 작성

항 목 별 사 용 내 역 (년 월)

7. 건설재해예방전문지도기관 기술지도비

지도항목	지도기관	점검일	소요 경비	비 고
계	계상액 (계획)	전월까지 누계(A)	금 월(B)	누계 (A+B)

✿ 주: 사용내역은 사용일자가 빠른 순서로 작성

항 목 별 사 용 내 역 (년 월)

8. 본사 전담조직 근로자 임금 등

□ 조직 현황

시공능력 평가순위	안전보건조직 · 인원 현황			안전 보건관리비 계상총액	본사 임금 등 계상액 (계획)
	조직명	직책	인원 수		

□ 사용 내역

구 분	소속	직책	성명	보직일	지급액	지급일	비 고
계				계상액 (계획)	전월까지 누계(A)	금 월(B)	누계 (A+B)

※ 주: 본사만 사용내역 작성 및 증빙서류 첨부(현장 제외)
- 증빙서류(예시): 본사 조직규정, 인사명령서, 계좌이체 내역 등

항 목 별 사 용 내 역 (년   월)

9. 위험성평가 등에 따른 소요비용

품목명	결정일		계 획			사용일	소요 비용			지급내역	비고
	위험성평가등	노사협의등	단가	수량	금액		단가	수량	금액		

계	계상액 (계획)	전월까지 누계(A)	금 월(B)	누계 (A+B)

※ 주: 사용내역은 항목별 사용일자가 빠른 순서로 작성

참고문헌

- 고용노동부, 건설업 「산업안전보건관리비 해설」, 2022.

- 고용노동부, 『산업안전보건법 질의회시집』, 2022.

- 김종효 외, 「건설공사 표준안전관리비 산정기준에 관한 조사 연구」, 국립노동과학연구소, 1987.

- 오세욱 외, 「건설업 산업안전보건관리비 사용 투명성 강화 방안 연구」, 산업안전보건공단, 2020.

- 임영섭 외, 『안전보건 101』, 바른북스, 2020.

산업안전
보건관리비 101

초판 1쇄 발행 2023. 5. 8.

지은이 임영섭, 안진명
펴낸이 김병호
펴낸곳 주식회사 바른북스

편집진행 김주영
디자인 최유리

등록 2019년 4월 3일 제2019-000040호
주소 서울시 성동구 연무장5길 9-16, 301호 (성수동2가, 블루스톤타워)
대표전화 070-7857-9719 | **경영지원** 02-3409-9719 | **팩스** 070-7610-9820

•바른북스는 여러분의 다양한 아이디어와 원고 투고를 설레는 마음으로 기다리고 있습니다.

이메일 barunbooks21@naver.com | **원고투고** barunbooks21@naver.com
홈페이지 www.barunbooks.com | **공식 블로그** blog.naver.com/barunbooks7
공식 포스트 post.naver.com/barunbooks7 | **페이스북** facebook.com/barunbooks7

ⓒ 임영섭, 안진명, 2023
ISBN 979-11-92942-87-2 93360